草の根 NPO 運営術

澤村 明 著

ひつじ書房

はじめに

　福祉やまちづくりで活動してきたグループが、「私たちも法人格を取って正式なNPOになろうか」という相談をする場面は多いでしょう。そういうとき、「NPOになろうか、どうしようか」「NPOとしてやっていけるんだろうか」「NPOになったら、どうやっていけば良いんだろうか」といった疑問がいろいろと出てきます。
　そうした疑問を解消するためには、各地のNPOサポートセンターに相談に行けばいい……といわれていますが、相談時間が合わなかったり、行ってみてもアドバイスがピンとこなかったり、そもそも小さな町ではサポートセンターに座っている人も誰だか判っていて「あの人じゃ、ちょっと」ということもあります。では何か参考書を読んでと思っても、参考になる図書が少ないのです。
　なるほど、書店に行くと、「NPOの作りかた」「NPOの効果的な経営」「NPOマネジメント」といったタイトルの本は何冊も並んでいます。が、これらは大別して3種類あり、まず法人設立マニュアルや会計の方法のようなハウツー本、次に経営学系のテキストブック、そして経営学的な研究書です。最初のハウツー本は実務上は有用ですが、冒頭に書いたような疑問には向きません。
　「NPOのマネジメント」でテキストブックになるような本はアメリカのNPOをベースに書かれています。理事会と事務局がしっかりしていて年間に何億円もお金の動くアメリカのNPOを事例にされても、ピンときません。NPOを運営している先輩たちに聞くと「ドラッカーを読んでごらん」などといわれます。なるほどドラッカーをはじめ、アメリカの経営学の大家が著したNPO経営の本は面白いのですが、やはりアメリカのNPOで理事や理事長を務めるような人を読者に想定した哲学に、「私たちは、まだまだ

そこまでは……」という感想を抱くでしょう。

2000年10月に当時の経済企画庁が全国の「市民活動団体」について調査したことがあります。全国の都道府県と政令指定都市が把握している「市民活動団体」は、すでにNPO法人となったものを含めて約8万8千団体としています。お役所に知られていない団体も少なくないでしょうから、そうした「秘密結社」も含めれば優に10万は超えるでしょう。その8万8千団体から無作為抽出した約1万団体にアンケートを送り、約4千団体から回答をえています。

その結果を見ると、会員数は20人未満という団体が約30%を占め、50人未満という団体まで含めると約60%です。年間財政規模も10万円未満というのが約30%、約半数が30万円未満です。事務局スタッフも常勤が0人というのが65%、非常勤のスタッフで見ても0というのが23%、約60%が5人以下です（この調査の概要は、内閣府NPOホームページ、http://www.npo-homepage.go.jp/で見ることができます）。

アンケートを返さなかった6割の団体は、そうした調査を嫌ったこともあるでしょうが、大きな理由は「ちゃんとアンケートを書いて返せるほどの組織力がない小さな団体」であると思われます。つまり、市民運動や市民活動（この違いは次章で説明します）を行なっている団体は、小さな「草の根」団体が大多数なのです。アメリカの「しっかりした組織」であるNPOの本がしっくりこないのも当然です。

また日本国内でNPOの経営を論じた経営学系の本は、財団法人や、あるいはNPOでも専従スタッフがいる事務局があって、それをコントロールする理事会があって、というような「しっかりした組織」を取り上げていることが多いのです。

そういう本を読むと『『理事会が事務局を監督すること』なんていわれても、我々じゃあ理事が事務もやるから……」というふうに、同じ「NPO」といいながら何か別世界のことのようで参考になりません。では、営利の分野で会社を立ち上げるような、ベンチャー企業の起こしかたのような本はどうかというと、資金調達の方法とかマーケティングとか、利潤追求色が濃くてNPOには馴染みません。

実をいうと、企業経営者も経営コンサルタントの話や経営学者の本を読むと同じ感想を持つことがあります。そうした話の多くがトヨタやソニー、IBMやHPといった大企業の成功例を取り上げているために、特に零細企業の経営者は違和感を感じるそうです。
　では中小企業向けの本はどうか。その多くは「経営の近代化」をテーマにしています。「お家業」からの脱皮です。そのための社長さんの心得です。また対象とするのは製造業で、在庫管理、売掛金回収などといった問題を取り扱っています。これも草の根の市民運動には向きません。

　本書では、これまでの「NPOマネジメント」をテーマとした先達たちの本を読んでも解決できなかったような、「草の根の市民運動からNPO法人格を取ろうか」という段階での、冒頭に書いたような疑問に応えることを目指しています。ですから、この本では「NPOになろう」「こうやってNPOになる」と読者の背中を押すつもりはありません。一方、「NPOは素晴らしい」「NPOこそ21世紀に世界的市民革命を起こす」といった理想も説きません。
　いうまでもなく、NPOのOは組織という意味のオーガニゼーションの頭文字であり、「運動」やグループ（団体）とは違います。本書は、「運動としてやってきたことを組織にするのか」を考える状況で、「組織にするというのは、こういうことですよ」ということを解説することが目的です。
　「NPOの作りかた」のようなハウツーは、前述のようにさまざまな本が出ています。本屋で手にとって読みやすいものを選べばいいのです（巻末に私が良いと思ったものを挙げておきます）。また経営哲学やNPOの理念なども、良い本が並んでいます。本格的にNPOを運営していくことになったら、それらも読んでおくべきだと思いますが、今更、そうした錚々たる著者たちが築いた功績の末席を汚すこともないでしょう。
　本書のタイトルには「運営」と入れました。ことばの使いかたでいうと、「経営」ということばは営利企業を中心に、最近では政府や自治体といった行政部門でも使われます。それに対して「運営」という言葉は、学校のクラスとか、町内会とか、そういう集まりで使われることが多いようです。つま

りイメージとして、「経営」というときちんとした大きな組織を動かすことで、かつ、経済的な性格が強まってくるかのようです。たとえば2004年に国立大学が独立行政法人になったことで、あるシンポジウムの席上で、「これまで国立大学には『運営』はあったが『経営』はなかった」と発言した人がいます（NHKBS「BSフォーラム　どうなる大競争時代の大学経営」2005年3月2日放送）。これなどは「経営」が「運営」に経済的な感覚がプラスされる、より難しい上位概念であるといいたいのでしょう。

一方、NPO業界では「経営」という言葉にアレルギーを示す人がいます。これ以外にも経営的な用語は、ボランティアや市民運動の感覚とずれています。日本のNPO経営学者の一人、島田恒さんは「経営戦略」といったところ、「ある熱心なNPO関係者から、『NPOは平和を大切にしています。軍事用語は使わないでください』とお叱りを受けたことが」あったそうです（島田恒［2005］『NPOという生き方』PHP新書 p. 135）。軍事用語まで使う殺伐とした「利潤追求」的雰囲気が嫌われるのでしょう。

が、ドラッカーが指摘しているように、「非営利組織のマネジメントはビジネスよりも難しい。非営利組織には、ビジネスと違って、業績を測るための利潤というものさしがないから」といえます（ピーター・F・ドラッカー編著／田中弥生訳［1995］『非営利組織の「自己評価手法」』序文 p. 5）。企業の売る商品を評価し代金を出すのはカスタマー（顧客）です。しかしNPOの場合、提供するサービスを評価するクライアントと、代金を寄付や会費の形で出してくれるドナーとは別人です（一致している場合もありますが）。このことだけでも、NPOの運営が企業の経営より複雑な環境に置かれていることがわかります。

その意味では、NPOは、営利企業の経営よりも、より高度な「経営」を行なわなければなりません。そのために本書では、「経営」よりも難しい組織の続けかたという意味で、敢えて「運営」と題してみました。もちろん、「経営」と題していたら手に取らなかったであろう読者にも読んでもらえたら、とも思っています。

ですから、本書は「経営」以上の「運営」を考える本です。嫌われている「戦略」といった経営学の用語も多々出てきます。経営学の先行研究や実務

書も大いに参考にしており、それらの中でNPOの運営を考えている人には読みやすい、手軽な本は、巻末にリストアップしてあります。

　経営学的な話も踏まえて、ボランティアや市民運動の感覚から、どのように「組織」にしていくのか、組織の経営ということとのギャップをどのように乗り越えるのか、逆に、どういう場合は組織にする途を選ばないほうが良いのか、そうした議論を考えていきましょう。

　最後に、少々自己紹介をしておきます。私は、大学を出たあと、最初に勤めたのが文化財コンサルタント会社です。ところが社長が酒乱気味で、事実上会社を潰してしまったために失業同然となり、設計事務所の嘱託社員になって、その後、地方自治体に勤めました。自治体職員を勤めるかたわら、友人と出資して会社を設立し、その後、自治体を辞めて、その会社の経営に専念しました。時はバブル崩壊後の不況時でしたが、時々人を雇いながら、おおむね黒字経営で乗り切りました。この会社では、まちづくりをコンサルティングしており、数多くのまちづくり運動を応援しました。また請われて住宅関係のベンチャー企業を作ったこともあります。

　その後、大学院に入り直してNPOを研究し、大学の教員に転職しました。専門分野がNPOですから、NPO関係者と会うことも多いですし、将来的にNPO法人化を目指しているまちづくりグループの世話人も務めています。こうした経験で見聞きした市民運動の課題や限界、NPOの現状、そして経済学や経営学、社会学などの分野から分析できること、そうしたことから本書を構想しました。

　現場の経営者には、組織の経営というのは自分で身に付けるもので教わるものではない、と考えている人も少なくありません。たとえばソフトバンクの孫正義の父親も、いくつもの事業を手掛けた人ですが、独自な経営モデルを編み出して、「商売は、人に習うな」と子供たちに教えていたそうです（孫泰蔵［2002］『孫家の遺伝子』角川書店 p. 8）。経営学のキーワード、たとえば「選択と集中」とか「SWOT分析」などは、成功している経営者なら直感的に実践していることを、学者が後から理屈付けしているようなものです。正直にいうと私自身も、実際に会社を経営していた経験からは経営学と

いう学問には懐疑的なところもあります。

　とはいっても、経営のノウハウというのは後天的に身に付けられるものだというのが通説です（たとえば、柳孝一『起業力をつける』日本経済新聞社 p.160）。ですから、NPOといわず、なんらかの組織を運営することになった人は、一度は経営を勉強してみると良いのではないでしょうか。そして「なんだ、こんなことか」と感じる人は、経営的センスを持っているということでしょうし、感覚的に決断し行動している暗黙知も、経営学によって形式知とされていれば、自分の判断に自信を持てるでしょう。

　そう、この本を読み流してみて、「なんだ、こんなことか」と思った人は、充分にNPOを運営していけます。自信を持って切り盛りしていってください。

目　次

はじめに ……………………………………………………………………ⅰ

I　運動から組織へ ………………………………………………………1

1　NPOとはどういう組織か ………………………………………1
(1) NPOとNPO法 ……………………………………………………1
(2) NPOの特殊性 ……………………………………………………3
(3) 市民運動からNPOへ ……………………………………………6
(4) 左翼のイメージ …………………………………………………8
(5) 目的を達成しても問題は残る …………………………………9
(6) 長期的な活動が必要になる場合は組織がいる ………………11

2　組織にする理由 …………………………………………………12
(1) 「組織」への誤解 ………………………………………………12
(2) 組織に至るプロセス ……………………………………………14
(3) 組織にする転換点はどこか ……………………………………15

3　法人格をとるかどうかの判断 …………………………………16
(1) 法人格を取ることについての「メリット・デメリット論」……16
(2) 事業報告・会計報告をこなせるか ……………………………19
(3) 政治とは無縁か …………………………………………………19
(4) 誰が入会しても大丈夫か ………………………………………20
(5) 法人格を取らないと困るか ……………………………………23
(6) 株式会社になるという途も ……………………………………24
(7) NPO法人を取るタイミング ……………………………………27
(8) 法人格を取らない谷中学校 ……………………………………29

II　組織の運営——市民感覚オンリーから離れてみる　…31

1　リーダーの条件……………………………………………………31
　（1）NPOは善意や理想だけでは続かない ……………………31
　（2）NPOの理事や世話人は経営者だ …………………………34
　（3）トップは決断を迫られる ……………………………………35
　（4）経営学からみた経営者のありかた …………………………37
　（5）NPOのリーダーに求められるもの ………………………39
　（6）リーダーの決めたことには従う・フォロワーシップ ……41
　（7）リーダーの選びかた …………………………………………42
　（8）リーダーの交替 ………………………………………………43

2　事務局のありかた ………………………………………………44
　（1）柔らかい組織 …………………………………………………44
　（2）多様な人材をスタッフに ……………………………………45
　（3）情報の共有を …………………………………………………48
　（4）スピード感が必要 ……………………………………………48

3　プロ意識とアマ感覚のバランス ………………………………50
　（1）プロ市民 ………………………………………………………51
　（2）ティー型・パイ型の組織へ …………………………………52
　（3）専門家と接触するには ………………………………………55
　（4）批判のないところに進歩なし ………………………………58
　（5）身近な専門家を助っ人に ……………………………………59
　（6）オタクも専門家 ………………………………………………60
　（7）NPOの運営にも専門家の支援がある ……………………61
　（8）専門家はトップには向かない ………………………………62
　（9）企業OBを雇う ………………………………………………63

III 運営の戦略 ……………………………………………………………69

1 戦略の考えかた ………………………………………………69
(1) NPO の運営資源 …………………………………………69
(2) SWOT 分析で考える ……………………………………70
(3) ME マトリクスで考える …………………………………72
(4) NPO の資金調達 …………………………………………73

2 会員を増やすには ……………………………………………77
(1) フォスター・ペアレントのユニークな方法 ……………77
(2) 会員制度に選択肢を増やす ………………………………78
(3) 顧客を大切に ………………………………………………80

3 事業を行なうポイント ………………………………………80
(1) コスト感覚を持つ …………………………………………80
(2) サービスの個別化 …………………………………………81

4 助成金応募のポイント ………………………………………83
(1) 助成金応募の心得 …………………………………………83
(2) 〆切は厳守する ……………………………………………84

5 もう一つの「頭を使う」方法 ………………………………85
(1) 応対は丁寧に ………………………………………………85
(2) 頭を下げて回る営業にも意味はある ……………………86

IV 実践編 …………………………………………………………………89

1 カウンターパートナーとしての行政と企業 ………………89
(1) 協働で成果を ………………………………………………89
(2) NPO の強み、行政の強み、企業の強み ………………90
(3) 指定管理者制度 ……………………………………………92
(4) 行政や企業とのつながりを作るには ……………………93

(5) 全国組織や政治団体とのつきあいかた ……………………95

　2　クライアントとのコミュニケーション ……………………97
　　　(1) 企業や行政にはない付加価値とは何か ……………………97
　　　(2) アンケートの是非 ……………………………………………98
　　　(3) クライアントの意見のくみ上げかた ………………………99

　3　インターネットを使いこなす …………………………………100
　　　(1) NPOに不可欠のツール ……………………………………100
　　　(2) 発信手段としてのホームページ ……………………………101
　　　(3) 発信手段としてのメール ……………………………………106
　　　(4) 個人情報と著作権は気を付ける ……………………………108
　　　(5) 情報収集のためのインターネット …………………………109
　　　(6) 情報は必ず確認を ……………………………………………110

　4　会計は必須だ ……………………………………………………111
　　　(1) NPOの信用を支える会計報告 ……………………………111
　　　(2) 会計処理のやりかた …………………………………………113

補論　変なNPOと一線を画すためには ………………………………117

参考文献 ……………………………………………………………………141

I　運動から組織へ

1　NPOとはどういう組織か

（1）　NPOとNPO法

　NPOという言葉は、もはや日本に定着したといって良いでしょう。NPO関係者は、1995年を「NPO元年」と呼んでいます。この年の阪神・淡路大震災で、誰から命令されたのでもないボランティアたちが被災地に入って救援・復興活動を行ない、そうした市民ボランティアの組織をアメリカではNPOというのだ、と知られるようになったからです。もっともNPO元年から数年は、筆者が「NPOを研究しています」というと、名の知れた大学を出たような人からも「じゃあ中近東に何度も行かれたんでしょうね」などといわれるような調子でした。NPOとPLOを混同していたのです。

　とはいえ、1998年に通称「NPO法」という法律ができ、株式会社とか財団法人などの既存の法人格とは違う、NPOのための特別な法人格を取得できるようになり、NPOという言葉が新聞の見出しなどに載ることも増えました（図表1-1）。NPO元年から10年を経た現在、この言葉を知らない人はいないでしょう。NPO法によるNPO法人の数も2005年10月末で2万4千を超え、むしろNPOブームのような雰囲気も伺えます。

　ではNPOといったときに多くの人が想像するのは、どういう組織でしょうか。市民が自発的に集まってボランティアで社会貢献を行なう団体で、お金を稼ぐのが目的ではない、といったところではないでしょうか。そして序章で紹介した調査のように、小さな団体です。このイメージは間違ってはいません。しかしNPOとは「民間非営利組織」を意味していますから、学術

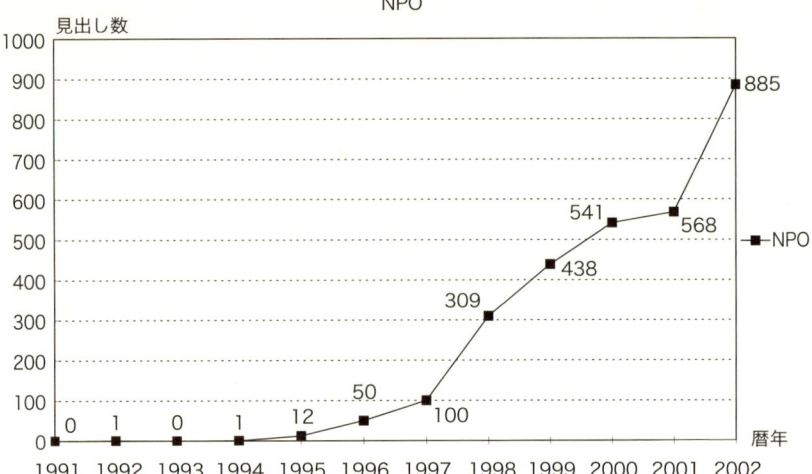

図表1-1　朝日新聞の見出しでの「NPO」出現頻度（朝日新聞オンライン記事データベースより筆者作成）

的にNPOという組織に該当する対象は広いものです。今のところ通例とされているのは、アメリカのレスター・サロモンという学者がNPOを国際的に比較研究するさいに提唱した定義で、次の七つに該当すればNPOに該当すると見なします。

1) 実体的組織であること
2) 民間であること（行政から出資を受けてもよいがコントロールされていないこと）
3) 利益配分を行なわれないこと
4) 自己統治
5) 自発的
6) 非宗教
7) 非政治（最後の非宗教・非政治であることの二つの除外は、サロモンたちがNPOの国際比較調査を行なうさいに、国によって宗教や政治と一体になった非営利活動まで含めると調査が困難になるためという、技術的な理由からオプショナルに設定されました）

I　運動から組織へ　3

　日本でいえば、財団法人や社団法人といった公益法人や、私立の学校もNPOに入ります。経団連もNPOなのです。場合によっては、町内会や自治会も含めることがあります。あるいはアメリカでは、年間何億円以上ものお金が動くNPOがいくらでも存在しています。
　ですから「はじめに」で書いたように、「NPOのマネジメント」でテキストブックになるような本はアメリカのNPOをベースに書かれていて、ピンときません。また日本国内でNPOの経営を論じた経営学系の本は、財団法人や、あるいはNPOでも専従スタッフがいる事務局があって、それをコントロールする理事会があって、というような「しっかりした組織」を取り上げていることが多いのです。草の根でボランティア活動をしていた人たちが、「私たちも法人格を取って正式なNPOになろうか」という相談をするときに、参考になる図書が少ないのです。
　さらに、NPO法による法人格は、本来は「ボランティア活動をはじめとする市民が行う自由な社会貢献活動」（NPO法第1条）のために作られた新たな法人格でした。ところが、この法律にもとづいて法人格が取れるようになったため、法人格を取得することが目的で活動内容は社会貢献といえないような「NPO法人」も出現しています（こうしたNPOについては補論で考えます）。そのため、NPOといっても、学術的には財団法人のような大組織も含みますし、NPO法人というと社会貢献といえないような組織まで入ってしまい、その概念が混乱している状態です。
　本書ではあくまでも、地域の福祉やまちづくり、国際交流といった市民運動を行なっている人たちが、運動も本格的になり、そろそろNPOという看板を掲げようか、法人格を取ろうか、ということで誕生する組織を対象とします。NPO法とこの法にもとづく法人格は、正式には「特定非営利活動の促進に関する法律（特定非営利活動促進法）」「特定非営利活動法人」といいますが、本書では、NPO法、NPO法人とします。

（2）　NPOの特殊性

　なぜNPOには、株式会社などのマネジメントを流用できないのでしょうか。それはNPOという組織の特殊性にあります。その特徴は何なのか、改

めて整理してみましょう。

　NPOの特徴的な点として、まず「ミッション」があります。日本語では「使命」ですが、あまり馴染みがない言葉なので、カタカナのままにすることが多いようです。よく似た言葉に「ビジョン」があります。ビジョンとミッションは区別しにくいのですが、ビジョンは「夢」、ミッションは「実現しようとしている夢」といったところでしょうか。「平和な世界にしたい」というのがビジョンだとすると、「地雷廃絶」がミッション、そんな感じです。

　そしてミッション実現のために運営戦略を立てて活動します。営利企業の活動目的が利潤追求・利潤最大化だとしたら、NPOの活動目的はミッション追求・ミッション実現の最大化ということになります。長く活動していると、本来のミッションを見失うこともありますし、社会変化によってミッションの意味を問い直さなければならないこともあります。NPOは常にミッションを意識し、ミッションに立ち戻って運営することが必要とされています。

　また、NPOを取り巻く人たちは営利企業に較べると複雑です。営利企業の利害関係者は、経営学ではステークホルダーといいます。まずは企業の持ち主である株主を指しますが、最近は株主以外に顧客、従業員も入り、さらに地域社会も含めるようになってきました。

　NPOのステークホルダーが複雑なのを、教科書的に説明しましょう。まずNPOのミッションに共感して、寄付をしてくれる人たちがいます。これをドナーと呼びます。それとは逆に、NPOから奉仕を受ける、サービス受給者がいます。この人たちをクライアントと呼びます。営利企業であれば、顧客はカスタマー（あるいはクライアント）と一括りにできるのですが、NPOでは、寄付してくれる人たちと、サービス受給者では、当然ながら対応が変わります。ですので、言葉としても使い分けます。

　営利企業の株主にあたる、NPOの持ち主を、NPO法では社員といいますが、一般には会員と呼ぶことが多いようです。その会員が理事を選出し、理事会がNPOの運営を行ないます（営利企業の取締役と取締役会に当たります）。さらにNPOの運営事務を行なうために事務局が置かれ、理事会が指揮監督します。

ドナーとクライアントは、会員になってくれることも多いのですが、会員とは限りません。たとえばNGOと呼ばれる国際交流系のNPOでいえば（NGOとNPOはほぼ同じ組織で、見る角度が異なるだけだと思ってください）、ドナーは先進国の理解ある人々、クライアントは発展途上国で困っている人、ということで全く別の存在です。逆に介護福祉NPOなどだと、会員制で、皆で出し合った会費で介護ボランティアを派遣するという、会員がドナーでありクライアントでもあるということもあります。また環境保全NPOだと、ドナーは明確に存在しますが、クライアントというべき人々は存在せず、あえていえば保護される動物や自然がクライアントに当たるかもしれません。

　NPO法を厳密に読むと、理事や事務局のスタッフは会員から選出しなければならないということにはなっていません。営利企業でも、株主から経営者を選ばないケースが多いのと一緒です。

　さらに、こうしたNPOの活動は、地域社会の理解と支持がなければ続けられません。簡単に図示すると次ページの図表1-2になります（便宜上、ドナーとクライアントは事務局とやり取りすることになっていますが、実際は、NPO全体との関係になるでしょう）。

　こうしたNPOを動かすさまざまな人たちを、新潟県NPOサポートセンターで、たとえ話にしています。つまり、NPOを人間の体にたとえると、顔が事務局、頭脳が理事会、心が会員総会、そして手足が会員、ボランティア、スタッフ、ということになるというのです。

　ただし、これはあくまでも、NPOについての教科書に則った説明です。日本で市民運動からNPOになろうという団体は、こういう図式的に分析できる構造ではなさそうです。

　たとえば日本のNPO、特に草の根NPOの場合、理事は会員から選出しているのがほとんどです。事務局になると会員以外から雇用しているNPOもあるようです。後でまた考えますが、日本の草の根NPOの場合、数人の志ある人たちが運動を始め、支持者を集めて、運動が本格的になり、あるときに「NPOになろうか」という段階を迎えるようです。そういう段階になった時に、言い出しっぺの人たちが理事に就任して、支持者に呼びかけて会員

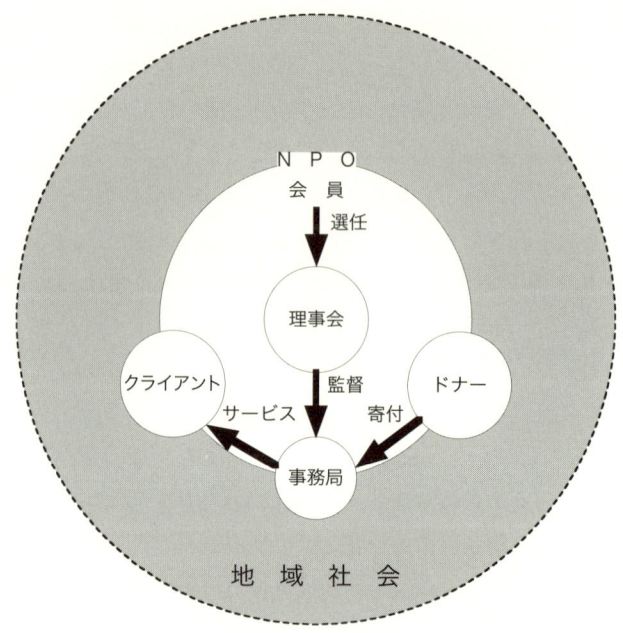

図表1-2　NPOを取り巻く多用なステークホルダー

になってもらう。そうして、図表1-2のような「かたち」を整えようとするようです。

(3) 市民運動からNPOへ

さて、「市民運動」というのもはっきりしない言葉です。何となく左翼っぽいイメージを持つ人もいるでしょう(このことは後述します)。似たような言葉に、住民運動、市民運動、市民活動があります。社会学では、この三つは区別しています。

たとえば住民運動と市民運動を図のように区別している学者がいます(図表1-3)。このように、住民運動とは地域的で生活に関する直接的な利害に関わり、市民運動になると、良心的で普遍的な運動、という定義です。さらに、市民運動がネットワーキングによって、行政や企業に対して問題の解決を求める反対運動や陳情運動から、その問題を自らの手で解決しようと行動

するようになると市民活動となる、という風に考えられています。

	住民運動	市民運動
行為主体 　a) 性格 　b) 階層的基礎	利害当事者としての住民 一般市民、農漁民層、自営業層、公務サービス層、女性層、高齢者層	良心的構成員としての市民 専門職層、高学歴層
イッシュー特性	生活(生産)拠点にかかわる直接的利害の防衛(実現)	普遍主義的な価値の防衛(実現)
価値志向	性個別主義、限定性	普遍主義、自律性
行為様式 　a) 紐帯の契機 　b) 行為特性 　c) 関与特性	居住地の近接性 手段的合理性 既存の地域集団との連続性	理念の共同性 価値志向性 支援者的関与

図表1-3　住民運動と市民運動(長谷川公一 [1993] p. 104)

　ネットワーキングとは、昨今のインターネット利用ではなく、似たような運動をしている人たちが地域を越えて連帯・共同することで、新たな価値観にもとづく「もう一つの社会」を築くことです。アメリカで、そうした現象を取り上げた『ネットワーキング』という本が1982年に出版されてから、社会問題を自分たちで解決しようとする運動を指す言葉として、広く使われるようになりました。その本が、1984年に翻訳されたために日本でも知られ、日本で活動していた人たちが自らの運動を「市民活動」と呼ぶようになったとされています。

　住民運動→市民運動→市民活動という進化論は、研究としては面白いかもしれませんが、NPOの現場では、あまり意味はなさそうです。住民活動は地域的、といっても、では地域とはどの広がりまでなのか。良心的とか普遍的というのも相対的な問題です。たとえば、高層マンションへの反対運動を考えてみましょう。悪くいえば地域エゴですが、良好な住環境の維持、という面では、日本全土、あるいは世界的にも普遍的な問題ともいえます。し

がって、本書では区別せずに「市民運動」として考えます。

　ただし、市民運動がネットワーク化によって市民活動になった、といわれているように、住民にせよ市民にせよ、役所や企業に抗議したり陳情したりという「してくれ」「やめてくれ」と、相手に何かを「くれくれ」と求める「運動」から、その問題を解決するために自分たちで行動しようという「活動」に変化したことの延長に、NPOが認知され、法律もできたということはたしかでしょう。そして自分たちで行なう解決行動が長期化・本格化して、継続的に行なうようになると、法人格を取ろうか、というふうに組織になっていくともいえます。

（4）　左翼のイメージ

　市民運動＝左翼、というイメージについて触れておきましょう。新潟の中山間地域で活動するNPOのスタッフは、NPOという名称が浸透して良かった、といっていました。市民運動というと、「おめぇさんたち、アカか？」と疑われるというのです。

　これはある意味で正しいのです。社会に不満や不足を感じるから運動を起こすのであり、その解決に向けて既成の体制に異議を申し立てることは、当然ながらその体制の担い手である政府と対峙することになります。戦後の日本はほぼ自民党による保守体制でしたから、反自民党というと、政治的には社会党・共産党などの左翼勢力とのつながりを意味することでした。本来の左翼＝革新・右翼＝保守という定義から離れ、反政府イコール左翼という戦後日本的風潮からすれば、政府や、政府と仲の良い企業と対立する市民運動も左翼、ということになります。

　実際、NPO関係者の中では、本来の意味での左翼、すなわち社会主義や共産主義につながる革新系の傾向の声が大きいことが観察できます。私はNPO関係のメーリングリストにいくつか参加しています。中には学術団体のように思想的に中立的なはずのところもあるのですが、それらでは2004年のイラク派兵問題の時にも反対しようというポストが飛び交い、三人の人質事件の時も撤退すべきだとか、彼らの勇気を讃えて支援しようという意見がやり取りされました。が、北朝鮮による拉致問題や、東シナ海資源開発、

竹島のような領土問題などを取り上げる意見はほとんど出てきません。

　NPO法が議論された時、当初の法律名は「市民活動促進法」でした。ある自民党議員が「市民活動とは政府に楯突く行動であり、それを促進するとは何ごとか」と反対したために「特定非営利活動」という造語になったという経緯がありました。その議員の考えは、一面では、正確な認識だったのかもしれません。

　そうした「左翼」の市民運動・市民活動が盛んになることによってNPOが認知され、法律もできたことは事実です。NPO法実現のために中心になって動いたのは、当時社会党議員だった辻元清美さんですし、審議の過程では現社民党党首の福島瑞穂さんも参考人として呼ばれています。

　しかし、実際には、思想信条に関係なく、ボランティア活動をしたり、運動をしている人も少なくありません。たとえば北朝鮮拉致家族の会も立派な市民運動であり、その運動の結果、政府を動かしたのだといえますし、新潟には山本五十六を顕彰するNPO法人などもあります。それに、地域の里山を保存する運動や、子育て支援の運動に、政治思想が先立つでしょうか。

　現在の市民運動、NPOは、政治的スタンスは感じられないもののほうが多いのではないでしょうか。ただ、世の中を良くしていこう、社会を変えていこうという姿勢は、問題意識が大きくなればどうしても政治的な色に染まっていきます。世の中を変えるためには政治的なレベルでの動きも求められるでしょう。そして政治的な世界では、往々にして急進的な意見のほうが元気で目立つものです。NPO業界でも、ノンポリの人のほうが数は多いのかもしれませんが、左翼的な意見のほうが声が大きく、目に付くということかもしれません。

（5）　目的を達成しても問題は残る

　左か右かはともかく、市民運動とは、何かの解決を目指して、企業や役所に要求したり、自分たちで行動したりするものだとしましょう。それは高層マンション建設反対かもしれませんし、保育所設置の陳情かもしれません。そして後者でいえば、「役所にいってもらちが明かない、自分たちでお金を出し合って、マンションの1室を借りて保母さんを頼もう」と運動から活動

になるのかもしれません。
　その問題が解決すれば、運動の目的は達したことになります。目的を達成すれば、運動は終わりです。あるいは運動が失敗することもあります。反対していた高層マンションが建ってしまった、というように。失敗して目的を失った場合も、運動を続ける意味はなくなります。
　たとえば「難病の愛子ちゃんを助ける会」という会があったとしましょう。その子の手術費用を募金で集めるような運動です。手術できるだけのお金が集まり、愛子ちゃんが無事に手術を受けたら運動はお終いでしょう。せいぜい、愛子ちゃんが退院して日常生活を営むようになったという報告を出したら、その会は解散です（残念ながら、愛子ちゃんが助からなかった、という場合もありえますが）。
　ところが、そうした運動を引き起こす問題は、一過性のものではないことがあります。その地域にとって内在的な病気のようなものです。高層マンションの例でいえば、ある高層マンションを何とか止めさせられた。安心していたら、別の敷地に新たな高層マンションの計画が。ようするに、その地域には高層マンションが建てられるという都市計画がなされており、高層マンションを建てたら儲かる経済条件であるということでしょう。こうなると建設計画が持ち上がる都度、しらみつぶしに反対するのではなく、その地域のまちづくりそのものを考えなければなりません。運動するにしても、相当の長期戦になります。
　あるいは難病の愛子ちゃんの問題にしても、その愛子ちゃんだけ助かれば良いのでしょうか。同じ病気に苦しむ他の子どもたちは助けなくて良いのでしょうか。そうなると、継続的にお金を集める努力と、一方で、その病気を抱える家族を掘り起こす工夫をしなければなりません（このような事例では、集まった募金から手術代を払った残金を基金として活動を続けることが多いようです）。また、前述のように保育所を自分たちで作ったら、それを経営していかなければなりません。
　日本のNPOが活動する分野でいうと、福祉分野が大きく、NPO法人の主たる活動分野別で見ると、医療・保険・福祉という分野で４割近くになります（図表１-４）。老人、障がい者などの福祉は、個々の家庭にとっては、

たとえばその老人を看取れば済むかもしれませんが、地域にとっては継続的に対応しなければならない問題です。長期的などころか、半永久的な問題です。

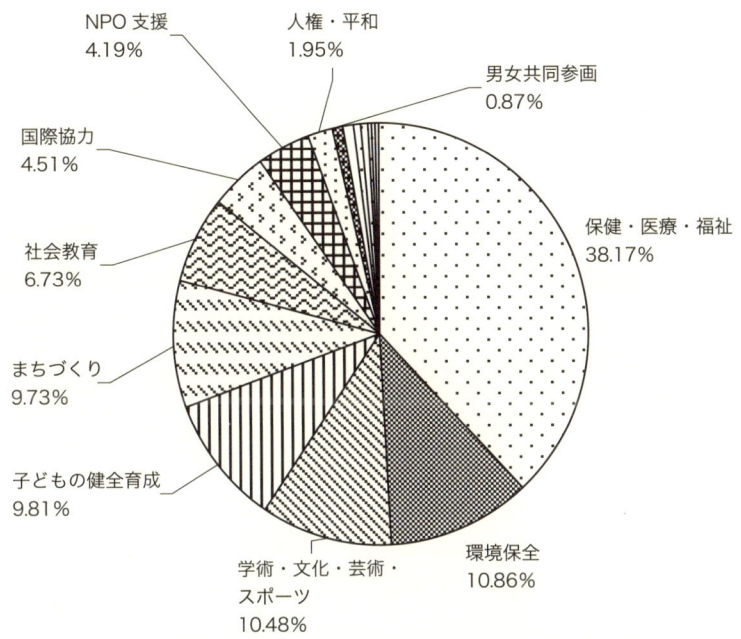

図表1－4　NPO法人の主な活動分野の割合（2004年3月末現在）

(6)　長期的な活動が必要になる場合は組織がいる

「そんなに長引く社会的な問題なら、役所が解決すべき」という意見もあるでしょう。1970年代までは、そういう意見のほうが大きく、市民運動も「役所、やってくれ」と要求するタイプが主流だったように思います。しかし、1990年代ぐらいからは、行政をあてにせず、自分たちで解決しようというネットワーキング型の市民活動が大きくなってきました。特に世界的な「小さな政府」の流れでは、市民が自ら動くことが期待されるようになっています。また、役所に任せるよりも自分たちで行動したほうが、スピードも速く、きめ細かく対応できます。

解決すべき問題が解決して「ああ、良かったね、バンザーイ」と解散することが短期的な将来に見えているような場合と異なり、長期的に活動を継続しなければならないことが予見されたら、どうしたら良いのでしょう。長期的に活動していくためには、それなりの体制を整えなければなりません。「愛子ちゃんを助ける会」なら、とりあえず会長は誰さんで、会計は誰さん、連絡先は会長の自宅でも良いでしょう。しかし、難病解決の会となると、「とりあえず」では済みません。会の趣旨も明文化しなければPRできませんし、事務局もはっきりさせなければなりません。いいかえると、「組織」になっていかないと活動を続けられません。

　話をまとめましょう。運動と組織の区別として、運動体が短期的に解決点を目標としているのと違い、長期的に活動を継続することを目指していることが明らかであれば、組織といえます。法人格の有無という点でも、その取得はある程度の継続的活動が前提です。ただ短期・長期といっても、企業のように1年以内を1期間として成績を計測する組織とは異なり、市民運動の場合の短期・長期のボーダーは曖昧です。目安として考えられるのは、長期的に活動するためには安定した経済的基盤が必要になる、ということでしょう。寄付やカンパで運営している状態から、会費制に切り替えて安定収入を図るようになれば、たとえ法人格がなくても、それは運動体から組織体へと変化したと見なすことができます。

　日本国内でも、海外支援や国際交流を行なう団体が、1980年代ぐらいから、このように組織化して活動を本格的に継続してきました。NGOと呼ばれる組織です。先に述べたように、NGOとNPOとはほぼ同義語で、たとえば世界的なNPO研究学会に発表される論文タイトルにもNGOと銘打ったものが並んでいます。日本では海外支援、国際交流といった分野で活動する団体を特にNGOと呼び習わしています。

2　組織にする理由

（1）「組織」への誤解

　「組織」と聞くと、何だか堅苦しく融通が利かないかのようです。NPO

に携わっている人からも、「組織にはしたくない」という話が出ることがあります。NPOのOが組織を意味することを考えると矛盾していますが、「市民が行う自由な社会貢献活動」(NPO法第1条)と定義されるNPOの「NPOらしさ」の原点ともいうべき「自由な活動」を束縛するようなことはしたくない、という意味なのでしょう。

経営学や社会学では、「組織」の定義としては、著名な経営学者であるバーナードによる「二人以上の人々の、意識的に調整された諸活動、諸力の体系」というものが通説となっています。これでは、運動と組織の区別は難しいのですが、「実体的組織」の定義に用いられることが多いのは、社会学の始祖として有名なマックス・ウェーバーの「官僚制」という概念です。ウェーバーの定義する官僚制とは、次の5要素です。

1）官僚制的規則（職務上の義務、職務権限の分配、任命の規則）
2）官僚制的階層
3）書類や文書にもとづく職務遂行
4）専門的訓練を前提とした職務活動
5）専従職員

なるほど、NPOの人たちが「組織にはしたくない」という気持ちが判らないでもありません。しかし、次のような話を考えてみましょう。作家で大学教授の小笠原京さんが、実母の介護について、1999年に毎日新聞日曜版で1年間「いっしょに生きませんか？　私の老老介護」という題で連載したコラムの中のエピソードです。

老人介護の手伝いをボランティア団体に依頼した。ところが、頼んだその日のその時間になっても誰もこない。待ちきれずにボランティア団体に電話したら、それは何とかさんが行くことになっている。行くことになっている何とかさんに聞いてくれ、という返事。その何とかさんの自宅の電話番号を聞き出し、電話したら、今日は都合が悪くなったから行けないという。

いくら「市民が行う自由な社会貢献活動」であっても、無責任は困ります。特に福祉の分野では生死に関わりかねません。この場合、きちんとした

対応をするには、事務局が手配したボランティアと連絡を取り合い、もしも急に駄目になったなら代わりの人を手配する、依頼元にもその旨を連絡する、という体制を取っていなければならなかったのです。そして、そうした体制が、事務局の担当者や現場のボランティアが別の人に変わっても引き継がれるようになっている。それを突き詰めると、ウェーバーの定義する官僚制になるのです。

担当者が交替しようと、あるいはトップが変わろうと、場合によってはスタッフが総入れ替えになっても、仕事は継続される、それが本来の組織です。皆さんも、役所や企業の窓口と接していて、担当者が変わるたびに一から説明し直さなければならないとか、出てくる人によっていうことが違ったりして困ったことがあるでしょう。「そんなこと、誰がいいましたか？」といわれても、出てくる担当者の名前をいちいち覚えてはいません。そして、いったいわないのトラブル。誰が責任者か判らない。

そうしたトラブルを防ぐために、ルールを明確にし（官僚制的規則）、責任分担を分け（官僚制的階層）、文書で連絡する（書類や文書にもとづく職務遂行）……といったことが必要になります。これをいいかえると、「官僚制が敷かれる」ことになるのです。

（2）　組織に至るプロセス

市民運動のようなボランティア団体が、NPOとしてどのように組織化するかについては、経営組織論の立場からNPOを研究している田尾雅夫さんが「集合から集団を経てボランタリー組織に至るプロセス」を以下の3段階としています（田尾雅夫［1999］pp. 61-90）。

1）アソシエーション
2）アソシエーションからビュロクラシー
3）ビュロクラシーとしての活動

ここでいうアソシエーションとは、集団、ビュロクラシーとはウェーバー的官僚制を核とする組織とほぼ同じです。

どの程度の官僚制に至るかはケースバイケースで、特にウェーバーの定義する5番目の「専従職員」になると、草の根のNPOではなかなか難しいのですが、運動と組織の違いは、ウェーバー的官僚制を一部でも実現しているかどうか、ということだと思ってください。官僚制という言葉は、市民運動やNPOの世界では響きが良くないのですが、小笠原京さんが困ったような、無責任な対応になってしまうのを防ぐ体制を作るには、必要なことですし、それが対外的な信用の積み重ねにつながっていきます。

（3） 組織にする転換点はどこか

　さて、長期的に活動するためには安定した経済的基盤が必要になる、寄付やカンパで運営している状態から、会費制に切り替えて安定収入を図るようになれば、それは運動体から組織体へと変化したと見なすことができる……と書きました。

　会費制になるには、その収納・管理を行なう事務局が固定化することが必要でしょう（当初は、メンバーの誰かの自宅や職場でしょうが）。かつ、会費を呼びかけるためのミッションの明確化、会費額の明示、事務局の所在などといった、会則が作られます。NPO法人になる場合は、その定款の原型です。

　したがって、運動体であるか組織体であるかの区分、つまり実体的組織と見なす基準は、次の3点があげられるでしょう。

1）会費制
2）固定した事務局
3）会則

運動から組織への転換時はこの3点セットを備えた時です。そのうえで、組織が大きくなるにつれて、NPO法人などの法人格の取得、会員種別の複数化、事務局専用スペースの確保、専従職員雇用などの行為が積み重なっていけば、ウェーバー的官僚制が芽生え、企業や行政体のような組織に近くなっていきます。

では「長期的に活動」とは、具体的にはどのぐらいの年数なのでしょうか。これに答えはありません。営利企業の場合でいうと、経営学には「ゴーイング・コンサーン」という概念があります。企業は永遠に続く存在という前提です。永遠に続くのでは収支の計算をいつ行なえばいいのか決められませんから、会計年度で区切って計算する必要性があるのだ、という説明の時などに使われる概念です。が、実際には、破産や清算もありますし、数年程度のプロジェクトだけのために株式会社を設立し、プロジェクトが終わったら清算・解散することもあります。

したがって住民運動であれば、そのゴールが具体的に見えているのか（愛子ちゃんが手術を受けられれば終わり）、いつだか判らないのか（難病の子どもがいるかぎり）、ということになるでしょう。当然、後者であるならば、組織としてゴーイング・コンサーンになっていくということです。

3　法人格をとるかどうかの判断

（1）　法人格を取ることについての「メリット・デメリット論」

では、組織になったら法人格は取らなければならないのか。これは一概にどちらとはいえません。NPO法が制定されるさいには、NPO法人格を取ることのメリット・デメリット論という議論がありました。というのは、NPO法では市民運動サイドが期待したような税制優遇などが盛り込まれず、法人格を取るのにも簡単とはいいがたい手続きが求められることが明らかになったため、「わざわざNPO法人になることのメリットはあるのか」という疑問の声があがったのです。

この議論でいわれたのは、図表1-5のような諸点でした。

けれども、日本のNPO業界では早くから活躍している田中尚輝さんは、このメリット・デメリット論という議論自体に疑問を投げかけ、「……法人格を確保しない団体は、任意団体に固執しなければならない特別の"哲学"があるのかそれともひ弱い団体だからだろう」と喝破しました。そして、「特別の"哲学"」があるのでもないひ弱い団体がNPO法人にならない理由として、次のようなことをあげています。

法人化のメリット
・契約の主体となれる
・所有の主体となれる
・個人より信用がつくりやすい
・海外での活動がしやすい
・団体の資産と個人の資産を明確に分けられる
・従業員を雇いやすくなる
・助成金・補助金などを受ける場合にも信用をつくりやすい
・事務所を借りやすい
・情報公開されるので，一般の人のアクセスがしやすくなる
・団体として法的なルールを持って活動できる

法人化のデメリット
・官公庁への届け出や保険などの支払いなどの管理に手間とコストがかかる
・課税対象としてきちんと捕捉される
・法人住民税がかかる
・情報公開などをきちんとしなければならない
・若干だが行政の監督を受ける
・残余財産が戻ってこない
・ルールに則った運営をしなければならない

図表1-5 法人化のメリット・デメリット（C'sブックレット・シリーズNo. 5『NPO法人ハンドブック』p. 49）

1）会員数が10人に満たない（きわめて小さな団体）。
2）ミッション（使命）が明確でない（何を目標にしているのか、はっきりしない団体）。
3）事業計画をつくったり、予算・決算などをしっかりとすることが面倒だ（社会的な常識に基づいて活動できる水準に達していない団体）。
4）税金（法人住民税均等割）を支払うのが嫌だ（税金は、任意団体であっても事業をしているかぎり支払わなくてはならない。それを見逃されていたにすぎない。NPO法人の税制優遇措置を確保することをめざさない、自らをアンダーグランドでよしとする団体）。
5）所轄庁に報告したり、解散命令をうけるような関係にはなりたくない（団体運営に自信がない、あるいはリーダーが官庁を感情的に嫌い、

その感情を団体におしつけることが許される団体)。

　田中さんは、NPO法ができれば、寄付を考えている企業やボランティア活動をやってみたい個人にとって、法人であるかどうかが重要なポイントになるだろう、と主張しました。つまり、税務署にきちんと決算報告をしているNPO法人のほうが信用に足ると判断されるのは自明の理ではないか、と。(田中尚輝［1999］「メリット・デメリット論の"むなしさ"」『NPOマガジン　まちの雑誌』風土社 pp.126-127)
　筆者も一読したときには賛同し、NPO関係の勉強会で紹介したことがあります。が、当時はNPO法制定に汗を流した人たちの間では、「メリット・デメリット論などという議論が出るのでは、せっかく苦労して法律を作ってもNPO法人があまり設立されないのではないか」という心配の声もありました。また筆者も行政に情報公開を求める市民運動家から「あんなNPO法人なんて、役所の下請けになる人たちのためのものだ」と聞かされたことがあります。
　しかしその後、NPO法人は順調に増え、2005年1月末で2万法人を超え、さらに増えつつあります。こうした結果を見ると、当初議論されたようなメリット・デメリット論のデメリットを上回るメリットがあると判断する人が多いのでしょう(ちなみに前述の「下請け」発言をした情報公開を求める市民運動もNPO法人になっています)。
　ただ、神奈川県の調査によると、NPO法人になってはみたものの、毎年提出しなければならない事業報告書を提出していないNPO法人が2割程度存在するとのことです(神奈川県庁発表資料による。神奈川新聞2004年9月20日)。また、名古屋のNPOが全国のNPO法人に郵送でアンケートを送ったら、1割強が宛先不明で戻ってきたそうです((特活)市民フォーラム21・NPOセンター［2003］)。田中さんが難じたような体力がない団体も法人になってしまったのかもしれません。NPO法人を所轄する内閣府や都道府県では、おおむね3年以上事業報告書を提出していないNPO法人は認証を取り消す方針で、すでに取り消された事例も出ており、事務能力のないNPO法人は、今後は淘汰されていくことになります。

（2） 事業報告・会計報告をこなせるか

　その意味では、メリット・デメリット論と、それを受けて田中さんが取り上げたような、事務的能力の有無、つまり事業報告や会計報告をきちんと書いて報告できるか、あるいは閲覧を求められたら見せられるか、は、市民運動にとってNPO法人格を取るかどうかの、一つの分水嶺になります。

　筆者の住む町に、困っている人を見ると放っておけず、行動を起こすことで有名な人がいます。ある時は募金を集めるために集会を開き、街頭で呼びかけ、知り合いに手紙を書き、あちこちにビラをばらまき……ところが、その人は金勘定が全くの苦手で、結局、いくら集まって、そのうち経費はいくらかかって、差し引き何円を困っている人に渡せたのかが不明なのです。もちろん、お礼の手紙ぐらいは書きますが、そうした報告は駄目です。その人は知る人皆認める熱血的な善人なので、周囲も疑いはしません。そしてこの人は長続きしないのです。その時々に気付いた「困っている人」を助けるための運動を始め、やがてドンブリ勘定がたたって行き詰まり、運動はストップ。しばらくすると次の問題に気付き、運動を始め、やがてドンブリ勘定がたたって……。同和問題、在日外国人、北朝鮮支援、ホームレス、幼児虐待などなど、その地域でクローズアップされる問題に対する運動には、常に彼の顔があります。

　こういう人は、法人格など取らないほうが良いでしょう。もちろん、誰か堅実な人がサポートして組織になる、という選択肢もあるのですが、この人は思い立ったら突っ走ってしまい、他人のいうことなんか聞きません。かといって、彼に付いていきたいと思わせるほどのカリスマ性はないのです。カリスマ性があれば、サポートする人が事務局となり、事務的な部分はおさえることで、NPO法人として運営していくことは可能なのですが。

（3） 政治とは無縁か

　さらに、メリット・デメリット論で紹介したようなことがら以外で、法人格を取るかどうか悩ましいことが生じています。

　その一つ目は、政治性の問題です。前述したように、市民運動はどこかで政治色を帯びることがあります。それに対して、現在のNPO法では、

NPO法人が特定の政党や政治家を支援することを禁じています。どこかの政党や、誰か政治家を応援したいのであれば、NPO法人格を取らないほうが無難でしょう。実際、この理由で任意団体のまま、NPOに対するマネジメント支援を行なっている著名なNPOもあります。

　市民運動からNPOを作った人の中には、この問題に無邪気で、NPO関係のメーリングリストなどに特定の政治家支援のメッセージを流す人もいます。もちろん、NPOのスタッフや理事などが個人として誰か政治家を応援するのは自由です。たまたま、そのNPOのミッションと近い主張をしている政治家を見つけ、選挙の時に応援するのはかまわないと解釈されているのですが、このあたりの解釈はNPO法の立法過程で国会でも議論になりました。

　現在の解釈では、特定の政党や政治家を応援するのを目的とするNPO法人の設立が禁止されています。ですから、平時にメーリングリストへ、個人としてではなく、所属するNPOとして特定の政治家名を出して応援を求めるのは、違法行為と受け取られる可能性があります。

　市民運動を行なう人は、どこかの政党に属していたり、あるいは誰か政治家に近いこともあります。それが良いか悪いかは別の問題ですが、今のNPO法が作られる時にも議論になった点ですから、特定の政党や政治家を支援していると誤解を招かないようにしておいたほうが無難です。

　なおNPO法では、政治と並んで宗教活動を趣旨とするNPO法人も設立を認めないことになっています。こちらについては議論する必要はないでしょう。

（4）　誰が入会しても大丈夫か

　NPO法では、誰でもNPO法人の会員になれるようにすることを求めています（NPO法第2条第2項一イ「社員の資格の得喪に関して、不当な条件を付さないこと」）。逆にいえば、一旦NPO法人になると、合理的な理由がないかぎり入会を断れません。そしてNPO法でいう社員にあたる会員（以下、「正会員」としましょう）になった以上、そのNPO法人のオーナーの一人であり、その運営に関与することを拒めません。

ですから、気心のしれた仲間だけで運営していきたいのであれば、NPO法人格を取ることは慎重になったほうが良いともいえます。もちろん、この場合は会費収入が限られることになりますから、会費に頼らない運営が求められます。

極端なケースを考えると、法人化した場合、NPOを乗っ取られる可能性もあるということです。株式会社が、株式を公開すると買収される可能性があるのと同じです。2005年に話題となった若手IT実業家による放送局買収騒動と同じことです。「NPOなんて乗っ取る人がいるのか？」という疑問もあるでしょうが、可能性はあります。乗っ取る動機は四つ考えられます。

一つは、反社会的活動の隠れ蓑にするための乗っ取りです。NPO法制定の議論の時も、この可能性が危惧され、暴力団を排除する条文を追加しました。ところが、法施行からしばらくして、暴力団がNPO法人を作っていたという事例や、暴力団関係者も関与したNPO法人が企業を恐喝した、という事件が発覚しました。

二つ目は、政治集団による乗っ取りです。穏当な、地域の問題を解決しようとしていた市民運動団体が、いつのまにか過激な主張をするようになっていることがあります。このような事例を調べてみると、途中でメンバーが入れ替わっていることが多いようです。

諫山陽太郎さんという人が、こうした体験をブログで公開しています。

20年くらい前、当時住んでいた地域の知事が地元紙に対して行なった「取材拒否」について考える市民運動をやった時のことだそうです。気に食わぬ一紙に対してだけ県の窓口全部を閉ざして「取材拒否」する方もする方なら、された側の新聞も出所不明の総会屋的県政批判が溢れていて、とてもまともな新聞とは呼べなかったのだそうです。だからといって「取材拒否」していいのか、というちょっと屈折した問題意識のもとに「会」の名前も「取材拒否を考える県民の会」として始めたら……。

ある時、会議のさなかに乳飲み子が泣き出して、主催者がそれとなく一時的な退席を促しました。ところがこの女性はさる極左暴力集団のシンパだったそうです。いきなり悪鬼のごとき形相で「オンナと子どもを排除するのかァァ！」乳飲み子と一緒になって極左的な金切り声でわめき出す。これで

次回の参加者は半分になったのだとか。で、また乳飲み子が泣き始めると、今度は会議のテーブル上でオムツ替えを始める。すぐ隣にはそれまで積極的に参加してきた男性がいて、思わず顔をしかめたのを「男性は知らないでしょうけど、これがオムツ替えなんですよ。あなた、オムツ替えなんか、オンナにばっかりまかせてきたんでしょう、見たことないんでしょう、オムツ替えなんて、どうせ」と、ネチネチと責めあげる。これでこの男性は来なくなります。次回の参加者も半減。こうやって分母が減っていけば「会」の中での極左の影響力は相対的に高まっていきます。そしてその最終的な狙いは、県内ではそれなりに知られるようになった「会」で成田空港建設反対闘争をすることなのだったそうです。ある時、この女性らの一人が、いきなり、成田闘争へ「会」として参加しようなどと言いだして、もちろん、座は一気にシラケ、このあたりを境に「会」は空中分解へと向かうことになったのだとか。

　諫山さんは、こう結んでいます。「最初からこのように極左風に振る舞っていれば警戒心も湧くだろうが、当初は普通の主婦として普通に参加していたのだから避けようもない」(http://plaza.rakuten.co.jp/isanotiratira/diary/200502220000/、2005年7月20日閉鎖)。

　NPO法人の名称と目的に騙されて入会したり寄付金を払ったりしたら、実は極左暴力集団だった(あるいは過激な右翼)。下手するとシンパとして疑われかねませんし、逆に乗っ取る側はNPOという看板で騙すことを狙うのでしょう。
　3番目に想定されるケースが、トンネルの受け皿にするための乗っ取りです。企業や行政が会計的な操作を行なって不正に蓄財する場合、トンネルになる組織を作るのが通例です(どうやるのかは書きませんが、ちょっと考えれば判ります)。NPO法人の社会貢献というイメージは、そうした行為を隠蔽するのに好適です。企業が社会貢献のためにNPO法人を設立する事例がいくつかありますが、それらの中には、どうも、本当の目的は、このトンネルではないかと疑わしいものもあります。
　四つ目は、お山の大将になりたくて勘違いしている人です。市民運動に毛

が生えた草の根NPOの理事長になったって、何も良いことはないことが多いのですが、何を勘違いしたのか、理事長になってNPOを仕切りたがる人が時々います。

　筆者の知人の一人が作った、子どもの健全な育成を目的とするNPO法人でも、そういう勘違いした人が理事会の多数派工作をしかけ、危うく乗っ取られそうになりました。彼が乗っ取ろうとした理由は判りませんが、知人曰く「アメリカのNPOと提携しているから、何かお金でももらえると思ったのかな」。もちろん、金になるなんてことはありません。この事例は、設立者に対する個人的な反感による意趣返しだったようにも思えます。が、市民運動に限らず人間の集まりというのは、往々にして理屈ではなく感情で動くことがありますから、対岸の火事ではないでしょう。

　会員をたくさん集め、支援してもらって会費収入も潤沢になることと、NPOを設立した当事者の手から組織が離れてしまう危険性とは表裏一体です。資本金を調達するために株式公開すると買収される可能性も高まる、営利企業と同じことです。IT企業によるラジオ会社買収事件をきっかけに企業が株式公開を取りやめる動きも出ていますが、NPOにとっても他人事ではないのです。

　ここで挙げた懸念は、杞憂に近いかもしれません。が、四つ目ほどでないにしても、会員数が増えれば、いろいろと思惑のある人も出てきます。あるいは、新たな組織を起こすような人は、組織を作るところまでは良くても、それを安定して運営していくのには向いていないこともあります。そういう場合にクーデターが起きることは充分考えられます。これはベンチャー企業では良く見られる光景ですし、アメリカのNPOでもしばしば起きているという話を聞いたことがあります。

（5）　法人格を取らないと困るか

　市民運動が組織化したNPOが法人格を取れないために困っている、ということでNPO法が作られました。法人格がないとオフィスも借りられない、銀行口座も開けない、行政からの委託も受けられない……。

　だから法人格が必要だ、という議論だったのですが、一方その過程で、法

人格がなくても、それなりに組織的な実態がある市民運動が存在することが社会的に認知されました。また、町内会・自治会、マンション管理組合なども法人格がないために同じ問題を抱えていました。この後者への対処もあったと思われるのですが、現在では、法人格を持たない任意団体（法律用語では「人格なき社団」「権利能力なき社団」）でも、かなり社会的には「一人前」に扱ってくれるようになりました。

　つまり、任意団体でも独自の銀行口座を開けるようになりましたし、行政の委託や補助金も、任意団体を排除しないところが増えています。運動歴が古く、やむなく代表者個人名で銀行口座を開いたような団体でも、その代表者の個人的な経理とはっきり区分されていれば、税務署も別会計扱いをしてくれるようになっています（少なくとも東京の税理士さんの話では）。

　私の知っている、まちづくり活動に長く携わっている建築家も、かつてはNPO法人を作るといっていたのが、「任意団体でも、行政から仕事を受託できて困らないから」と法人化を取りやめました（彼の場合、仲間と喧嘩して一人になったこともあるようですが）。

　また、任意団体の場合、所得が発生した年度のみ課税義務が生じます（会費収入以外の事業収入で黒字になった場合という意味です）。それ以前にほとんどの任意団体は税務署に捕捉されていませんから、ほとんどの任意団体は所得があっても納税していないのです（法律上は納税義務があります）。それに対し、NPO法人にすると、税務署に100％捕捉され、赤字でも法人住民税の均等割である7万円を毎年払わねばなりません。このあたりの条件が、法人にするかどうかにあたって、現実的な判断のポイントになります。

（6）　株式会社になるという途も

　社会貢献を市民運動でやっているから、法人格を取るならNPO法人、と決めつけるのは早計です。NPO法人にした場合、イメージは別にして、税法上の扱いでは、公益事業からの所得は非課税になり、有限会社や株式会社といった営利企業にするよりも有利になります。ただ、この税法上の扱いというのが曲者で、内閣府・都道府県という所轄庁に出す「本来事業」と「その他の事業」とは解釈が異なります（NPO法では当初、「本来事業」「収益

事業」「その他の事業」と 3 区分だったのですが、わかりにくいために「本来事業」「その他の事業」の 2 区分に改正されました)。

　税法では、指定 33 業種といって、「これらの事業は収益事業として課税対象にします」という業種が列挙されており、この 33 業種以外が税法上の公益事業と見なします(法人税法上の用語では「その他の事業」と呼ぶのですが、NPO 法の「その他の事業」と意味が逆になるので「公益事業」とします)。つまり、NPO 法人の活動目的であって、所轄庁には本来事業として報告するものでも、税法上の 33 業種に入ると、課税対象となる可能性があります。たとえば 33 業種には「出版業」が含まれています。介護福祉の NPO が、介護のノウハウをテキストブックにして販売したら黒字になった。その所得は公益事業なのか収益事業なのか。

　しかも、公益事業がいくら赤字でも、収益事業が黒字であれば税金がかか

(1)	物品販売業	(18)	代理業
(2)	不動産販売業	(19)	仲立運
(3)	金銭貸付業	(20)	問屋業
(4)	物品貸付業	(21)	鉱業
(5)	不動産貸付業	(22)	土石採取業
(6)	製造業	(23)	浴場業
(7)	通信業	(24)	理容業
(8)	運送業	(25)	美容業
(9)	倉庫業	(26)	興行業
(10)	請負業	(27)	遊技所業
(11)	印刷業	(28)	遊覧所業
(12)	出版業	(29)	医療保健業
(13)	写真業	(30)	一定の技芸教授業等
(14)	席貸業	(31)	駐車場業
(15)	旅館業	(32)	信用保証業
(16)	料理店業その他飲食店業	(33)	無体財産権の提供等を行う事業
(17)	周旋業		

それぞれの業種の中で課税対象となるかどうかについては、(特活)NPO 会計税務専門家ネットワークの「NPO 法人の法人税」など(http://www.npoatpro.org/index.htm)を参照。

図表 1−6　法人税法で指定する収益事業 33 業種

ります。公益事業の赤字を収益事業の黒字で補填することは認められていないのです。この内部補填は「みなし寄付金」と呼び、公益法人には収益事業の所得の2割まで公益事業の赤字補填に使うことが認められていますが、通常のNPO法人は駄目なのです。

　収入の一定割合以上が寄付金であるなどの条件を満たしている場合は、国税庁に申請して「認定特定非営利活動法人（認定NPO）」になることができます。認定NPOになれば、みなし寄付金が認められるほか、認定NPOへ寄付した人も所得税で優遇措置があります。ただ、この認定NPOは2005年末現在で38法人にすぎず、狭き門です（ただし要件が緩和される傾向ですので、今後は増えるでしょう）。

　たとえば、中国地方の山間地のNPOで、大阪都市部との交流事業を行なっているところでは、その交流事業が旅館業・飲食店業にあたるとして課税対象となっています。他の点でNPOにした意義はあるけれども「税金のことでいえばNPOにした意味はなかった」とのことでした。

　上記のように介護福祉NPOがテキストを出した場合、これまでは、本来事業である介護福祉の一貫としての出版物であって、出版社のように継続的に出版していなければ公益事業、と解釈されていました。税務上では、1) 33業種に該当する事業、2) 事業場を有し、3) 継続して行う、という3条件を満たせば課税対象とされています。この福祉NPOのテキストであれば、3)に該当しなければ良いはずなのです。

　が、このような種類の所得が課税対象となったというケースを耳にするようになりました。面倒なのは、その解釈が税務署のさじ加減によっていて、近年、税務署も税収アップに懸命なためか、その解釈がNPOにとって厳しい側に傾きつつあるようなのです。

　私が関わっている任意団体でも、課税対象かどうか解釈が分かれる事業があり、税務署とも協議したのですが、「取りあえず税金を払ってください。その上で不服があれば不服申し立てをしてください」というのが税務署の言い分です。同じ問題は他でも起きているらしく、千葉県流山市の福祉NPOは、課税方針を巡って裁判を起こしています。

　こうなると、法人住民税の均等割7万円の問題もあり、税制上、NPO法

人にするメリットも薄れてきます。さらに税務署と所轄庁に出す会計報告も、上記のように税務署には公益事業と収益事業の区分で出し、所轄庁には本来事業とその他の事業の区分で作らなければなりません。これは面倒です。

　一方、営利企業の法人格でも、公益的な理念をかかげて活動している会社もいくつかあります。たとえば関東地区では、産直で安心安全な食物を消費者に届け、また農山村や漁村を守るという活動をしている「大地を守る会」は有名でしょう。歌手の加藤登紀子さんの夫であった故・藤本敏夫さんが作った会社です。

　あるいは徳島県の木頭村は国策のダムを拒否し、ダムに頼らないむらづくりのために、「きとうむら」という株式会社を作り、柚子などの村の特産品を通信販売しています。自治体としての木頭村は合併でなくなりましたが、会社は今でも活動を続けています。

　つまり、活動内容が事業収入を伴うものであり、それで継続していけるのであれば、NPO法人にせずに、株式会社などの営利法人にしたほうが、運営上の制約は少なくて自由度が高まるという面があります。有限責任事業組合（LLP）といった起業しやすい法人制度もできましたし、活動内容に合わせた法人格を考える、という方法です。社会起業家とかコミュニティビジネスという考えかたは、こちらです。

　逆に、活動内容からみて、事業収入での継続は困難であり、会費や寄付金で運営していかなければならないのであれば、税法上の扱い、さらに会費や寄付を募る上でのイメージという点で、NPO法人のほうが有利です。

（7）　NPO法人を取るタイミング

　そうはいっても、NPO法人が2万を超え、毎日のように新聞にはNPOの記事が載っています。こうした中で、それなりに組織的な活動をしている市民運動が、NPO法人になっていないことは、前述の田中さんの批判のように何らかの能力が足りないのではないかと思われるでしょう。また、NPO法人にすると事業報告などの閲覧を求められたら見せなければなりませんから、それに耐えられないのではないか、と勘ぐられかねません（実際

には、法人化した NPO でも、この情報公開義務について無知で、閲覧したいと頼んでも断るところがありますが)。

昨今の NPO ブームの中で法人化しないということは、何か思うところがあるか、さもなければ事務能力などの面で組織として未熟なのか、どちらか、ということになります。となると、多少背伸びしてでも法人化しようか、というほうへ気持ちは揺れるでしょう。

これは、個人事業者が株式会社などを作るかどうかと同じ問題です。株式会社という看板の魅力を考えると、多少背伸びしても会社組織にするかどうかは悩ましいのです。

答えを先にいうと、「年間、どのぐらいのお金が動きますか？」がポイントです。「お金」が現実的な判断基準なのです。

もしも年間収入・支出が数十万円程度なら、法人格を取るメリットはありません。コンスタントに 100 万円を超えるなら法人格がターゲットに入ります。もしも年間 500 万円以上のお金を扱うなら、法人格を取るべきです。

根拠は単純な算数です。前述のように、法人格を取ると赤字でも毎年最低 7 万円の税金がかかります。当然、そのほかにも活動には費用がかかるのですから、その活動費用を賄った上で、7 万円以上を支払う財務力があるかどうかなのです。どのみち NPO は会費や寄付で運営していかなければならないのですから、基本的に赤字基調です。赤字基調の中で年間 7 万円を捻出できる財政規模は、最低で 100 万円です。500 万円以上なら問題ないということです。

もっとも、本来の社会貢献しか行なわない、組織維持のためのその他の事業 (収益事業) は一切行なわない、という NPO 法人の場合は、法人住民税を免除してくれる自治体があります (全ての都道府県とほとんどの政令指定都市、その他)。こういう場合は、年間数十万円の財政規模でも法人化してやっていけるでしょう。

ただ、組織的に活動を続けることを選択したなら、前述のように政治的な覚悟がある場合は別にして、NPO 法人になったほうが良いと思います。というのは、組織というのは外からの刺激がないと腐ります。閉鎖的な組織ほど腐敗が大きいことは、社会的不正が明るみに出るたびに指摘されることで

す。

　いくら社会貢献と銘打っていても、仲間内だけで行なっていると、腐るとまでいかなくても、マンネリ化して、途を見失いかねません。その対策としても、所轄官庁に監督を受け、毎年報告書を出さなければならない、事業報告書など閲覧させなければならない、そうした外向けの対応を否応なく義務づけられていることは、望ましいのではないでしょうか。後の章でも書きますが、そうした書類を作ることでえられるものもあります。

　ですから、もしも財政規模が小さいとか、書類を書けるスタッフがいない、という場合は、当面は法人格を取らず、任意団体のままでも仕方ないと思います。ただ、活動を続けるためには財政的な充実も必要ですし、将来的にはNPO法人になることを目標とし、NPO法の規定に沿った事業報告や会計報告や、それ以上の公開情報を作ってホームページなどで公表するなど、自己鍛錬しておくのが良いと思います。

（8）　法人格を取らない谷中学校

　活動歴も長くそれなりに組織としても機能しているNPOが、法人格を取るか取らないかの事例として興味深いのが、東京の谷中学校です。東京都台東区谷中でまちづくり活動を行なっている任意団体の「谷中学校」は、まちづくり団体として有名な存在です。

　東京都台東区と隣接する文京区には、谷中・根津・千駄木という古い町並みが残る地域が並んでいます（三つ合わせて「谷根千（やねせん）」と呼びます）。1980年から3年にわたって、作家の森まゆみさんたちの谷根千工房をはじめ、谷根千地域の町を考えるグループが集まり、「谷中・根津・千駄木の親しまれる環境調査」が行なわれました。これに参加した東京芸術大学出身者などを中心に、1988年に「谷中学校」は結成されました。以後、谷中地域に密着して活動しており、活動内容も建築設計業務や、街中での芸術工芸品の展示など、さまざまなまちづくりを行なっています。

　このように、谷中学校はさまざまなプロジェクトを手がけていて、基本的に、プロジェクト単位で運営を完結し、谷中学校本体はそれらのプロジェクトの培養の母体として運営されています。経理的にも、たとえば助成金など

はプロジェクト単位で管理され、谷中学校本体としての年間予算は100万円程度です。

　そのため、谷中学校として法人格を取得することは現在のところ考えておらず、必要であれば個々のプロジェクトに適した法人格を取ることにしています。すでに、「寄り合い処」として明治期の町屋を借りて事務局に使っていますが、その契約時に有限会社を設立しており、その有限会社で建築設計業務などを受託しています。また、谷中学校で行なってきたプロジェクトを長期的に継続するためのNPO法人を2003年に二つ、立ち上げました。

　谷中学校は、何人かのアクティブなメンバーが協議しながら運営を行ない、それぞれのメンバーがそれぞれのプロジェクトを責任持って担当する、というかたちで活動しています。そのため意思決定に時間がかかるとか、同じ「谷中学校」という看板でありながらプロジェクトによって窓口が変わるとか、組織としては問題が指摘されることもありました。ですが、谷中学校は母体として任意団体のままにして、長期化したプロジェクトごとに法人化する、というやりかたは、メンバー間の自由度を保ちながらプロジェクト単位では責任体制をはっきりさせることになり、面白い事例だと思います（ただし、谷中学校に対する批判も耳にします）。

　谷中学校以外でも、建築家や税理士などの専門家がグループを作り、個々の個人的な仕事とは別に、収益事業のための有限会社と、社会貢献的な仕事のためのNPO法人を並行して運営しているという事例もあります。

II　組織の運営
―市民感覚オンリーから離れてみる

1　リーダーの条件

（1）　NPOは善意や理想だけでは続かない

　市民運動にせよNPOにせよ、強調されるのが「市民感覚」です。企業の経営者とか、専門家、あるいは行政のプロなどとは違う、ということでしょうか。市民が生活の中で感じる社会の矛盾に対し、そうしたエリートたちは必ずしも同意しません。専門バカといわれるような思考の蛸壺化や、エリート集団が浅はかな判断をしてしまう「集団浅慮」という現象も見られます（集団浅慮の例としてよくいわれるのが、アメリカのケネディ政権がベトナム戦争に本格介入したことです）。

　市民運動サイドからは、そうしたエリートたちの言動が庶民とかけ離れているように見える。そもそも、そうしたエリートたちが動かしている社会に疑問を感じるから市民運動を始めるともいえるでしょうから、社会を牛耳っている政治家や官僚、企業経営者には不信感がある。彼らと違うということで「市民感覚」を強調するというのは自然な流れでしょう。

　また、「経営」とか「ビジネス」という言葉も嫌われます。おそらく利益至上主義なイメージがあって、「ボランティア活動をはじめとする市民が行う自由な社会貢献活動」（NPO法第1条）と相容れないように感じるのでしょう。

　しかし、組織として長期的に活動を継続していくためには、組織を運営していくノウハウがなければなりません。当然、経済的に安定していなければなりません。そのためには「経営感覚」が求められます。

また、こちらがボランティアで活動することであっても、受け手は消費者意識がありますから、より低価格で高品質なサービスを求めます。たとえ、NPOが良心的に行動しているつもりでも、受け手がそれを評価してくれるとはかぎりません。受け手にしてみれば、NPOだろうと営利企業だろうと、役所だろうと、より低価格で高品質なサービスをしてくれるところを選ぶでしょう。

　ボランティアで無料なら良い、というものでもありません。ブラックジャックのような凄腕だけど報酬は高い医者と、ボランティアで無料診療してくれるヤブ医者のどちらが歓迎されるでしょうか。さらに「世のため人のため」だから歓迎されるというものでもありません。価値観は多様ですから、「世のため人のため」と思って行なっていることが、相手にとっては迷惑でしかないことも珍しくないでしょう。

　市民感覚は大事ですが、経営とかビジネスの感覚がないと、活動を続けられないし、受け手との間でミスマッチを起こします（NPOの善意と結果のミスマッチを論じた本として、田中弥生［1999］『「NPO」幻想と現実』同友館、があります）。また同じように、NPOが活動しようとする分野は、利潤につながらないので企業は手を出しませんし、政府が行なおうとしても小回りが利かないというような、取り残された世界です。ですから、それなりの専門的知識や能力が求められる場面が多々あります。あるいは、そうした企業や政府を相手に議論したり、解決策を提案するためには、相手と同レベルの知識が必要になることもあります。

　そうした状況で求められるのは、感情で判断するのではなく、理屈で判断する、「ビジネス感覚」です。ビジネス感覚とかビジネスライク、というと金勘定だけで行動する、血の通わない冷たいイメージがありますが、そうではありません。

　イタリア史関係の著述で有名な塩野七生さんは、ソ連最後の共産党書記長としてペレストロイカを断行したゴルバチョフを評価して「あの男とはビジネスができる」といったサッチャーの言葉を引き、「彼女の言った「ビジネス」は、商売という意味ではないと思う。大事業をともに行える、つまり理でもって通じ合える、という意味ではないかと思う」といっています（塩

野七生［1994］『再び男たちへ』文春文庫 pp. 142-143）。

　金銭のやり取りを伴うかどうかではなく、必要ならば、たとえ思想信条が違う相手とでも、情に流されず理性的に共同で仕事を行なうこと、それがビジネスといえるでしょう。相手がいるからこそ、自分だけの好き嫌いといった感情ではなく、理性的な行動が必要になります。自分が良いと思っていることを、相手が受け入れてくれるとはかぎりません。そういう相手とも付き合って、お互いにプラスにしていかなければなりません。

　つまり、市民感覚だけでは駄目なのです。組織として活動を継続していくには、組織運営のために経営の術を身に付けなければなりませんし、より良い活動結果をえるためには、専門的知見、あるいはプロフェッショナルであることも求められます。本章と次章では、こうした問題を考えます。

　序章の最後にも書きましたが、経営のノウハウは勉強して身に付けられる、ということになっています。入門書をはじめとして経営学の教科書は、経営学を教える大学教員がテキストとして出すこともあるし、ビジネスマンの需要もあるため、多々出されています。

　経営学は大別して、組織論と戦略論の二つに大別されます。器の問題と行動の問題です。あるいは、内向きの議論と外向きの議論といっても良いでしょう。

　問題は、組織論にせよ戦略論にせよ、営利企業を対象とした経営学は、市民運動から生まれるような草の根NPOにそのまま適用できないことです。組織論でいえば、組織論の立場からNPOを研究している田尾雅夫さんが次のように記しています。

　　「……NPOは、従来、組織一般のカテゴリーからいえば、いわば鬼子であるといってもよい。本来、経営学の立場からいえば、わけの分からない組織である。組織ともいえない組織である」（田尾雅夫［2004］『実践NPOマネジメント　経営管理のための理念と技法』(NPOマネジメントシリーズ1）ミネルヴァ書房　p. iii）。

とはいえ、無から有は生まれませんから、既存の経営学を参考にすることになります。経営学の分野でも、次第にNPOを取り上げることが増えてきました。たとえば、日本の代表的な経営学系の学術団体である日本経営学会では、2000年前後からは年次大会で毎年1、2本はNPO関係の報告があります。また日本の学術団体を総括している日本学術会議の第18期（2000～2003）経営学研究連絡委員会では、3年間の活動課題として「経営学のフロンティア」を設定し、そのサブテーマとして「NPOと経営学」を掲げています。

このように経営学でも、NPOの運営のありかたが議論されつつあります。以下では、経営学などを参考にして、市民感覚を大事にしながらも、経営と協調させて、安定して長期的に活動を継続することを考えましょう。

本章で考えるのは2点です。まず経営を考えなければならないトップのありかた（リーダーシップの問題）、次に経営学から見た組織のありかたを考えます。戦略については次章で取り上げます。

（2） NPOの理事や世話人は経営者だ

経営とは誰が行なうことなのか。当然、企業であれば社長などの代表者と取り巻く取締役会といった首脳陣、いわゆるトップです。最近では、中間管理職も職層に応じた経営能力が必要だとして、前者のトップマネジメントに対して後者に求められる経営管理能力をミドルマネジメントと呼ぶこともありますが、経営とかマネジメントの力を付けなければならないのは、まず組織のトップになる人たちでしょう。会社なら取締役、NPOなら理事、任意団体であれば世話人などといわれる人たちです。

NPOの場合、教科書的にいえば、会員（NPO法でいう社員）、理事会と事務局という三つの集団があります。会員が理事を選出し運営を委託します。理事会が事務局を指揮監督し、日々の業務を行ないます。ただし組織としての方針決定などは会員の総会で議決します。

しかし、草の根NPOの場合は、NPO法人であれば理事の数人が（任意団体であれば世話人などと呼ばれる数人が）、事務局機能を担当してスタッフとなり、そのうち一人が事務局長を名乗るような組織が多いでしょう。事務

局の所在地も、理事長ないし事務局長の自宅に置いたり、事務局担当理事の誰かの仕事場に間借りしているような組織が少なくありません。そして他の理事ないし世話人が、会計とか広報、企画などを分担しているようです。

　この場合、理事とか世話人となる人たちは、営利企業でいえばトップですから、経営的センスが求められます。と同時に、事務局スタッフとしての実務能力も必要になります。これに一番近い営利組織は、家族経営の商店などになります。以下、理事や世話人をトップ、さらにその中で代表となる理事長をリーダーとして考えていきます。

(3)　トップは決断を迫られる

　大小の企業にせよ、家族経営の商店のような個人事業主にせよ、日本では「経営者」は少数民族なのだそうです。NPO の実務面に詳しい田中尚輝さんによれば、日本には社長と呼ばれる有限会社、株式会社や個人事業主を含む事業所の代表者は 300 万人しかいません。NPO 法人の代表者は 2 万人、あらゆる公益法人の代表者をあわせてみても 10 万人足らずで、事業体の代表者は日本全体で多く見ても 350 万人程度です。これは人口 1 億 3000 万人の内の 3% 程度、つまり、3% の人が事業体のリーダーであるということです(田中尚輝［2004］『NPO ビジネスで起業する！』学陽書房　p. 80-81)。

　田中さんの計算は 1 社に一人ですから、NPO の理事、企業でいえば取締役といったトップも勘定に入れれば、数倍にはなります。それでも、十人に一人といったところでしょう。

　このことは何を意味するのでしょうか。組織のトップは大小取り混ぜさまざまなことを決めなければなりません。トップが議論するにしても、最後はリーダーが決断します。その時、同じ立場で一緒に考えてくれるような仲間は少ない、トップは孤独だ、ということです。草の根 NPO の場合、数人の理事が協議してものごとを決めていくという方法を採っている組織が多いようですが、この場合でも、その協議する数人、あるいは理事長などのリーダー個人が決断を下さなければなりません。そして下した決断の責任が降りかかってきます。リーダーの問題は後で再び考えます。

　ある NPO に興味を持って、取材を申し込んだことがあります。メールし

ましたが返事がない。事務局に電話したところ、「メールは見たが、誰が対応すべきか理事会にかけないと決められない。理事会は月に1度なので、来月にならないと返事できない」とのことでした。研究者からの取材への対応なら、それでも構わないかもしれません。が、これが業務の打診だったらどうでしょうか。「何が何でも、そのNPOに委託したい」という特命の仕事なら良いでしょうが、委託候補の一つであったなら、打診された時にこのような対応をしたら候補から外されるでしょう（とはいえ、草の根NPOでは、なかなか急に集まって相談もできないでしょう。こういう場合にどうすれば良いかは、インターネットの使いかたのところで考えます）。

　かといって、トップが常に独断専行で進めて良いかというと、これも問題があります。アメリカでは、草の根からスタートするNPOの多くは、カリスマ性のある一人が引っ張って成長していくといわれています。日本でも、その分野の草分けのような人がNPOを立ち上げ、その人の名前で仕事を取ってきている組織があります。

　ただ、おそらく日本のほとんどのNPOは、多少の力関係はあるにしても、数人から十数人程度の「同志」が力を合わせることでスタートした運動であり、組織でしょう。まちづくりの分野で有名な田村明さんは「まちづくりには、最低5人のバカが要るといわれる」と書いています（田村明［1987］『まちづくりの発想』岩波新書 p. 202）。あるいは東京理科大学で参加型の都市計画を研究していた渡辺俊一さんは、授業や講演で「まちづくりは三人のキチガイから始まる」といっていました。

　バカだキチガイだは穏やかではないのですが、一人ではなく、その問題解決に熱中する数人が協働することで、活動が始まるという意味でしょう。そして、その運動を起こした数人が、NPOになった時に、そのまま理事になり、スタッフも兼ねるのでしょう。そうした人々を以下では、矛盾した耳慣れない用語ですが、「スタッフ理事」とします。

　草の根NPOに必要な運営術は、独裁者のようなトップに必要な帝王学ではありません。協議し共同でものごとを決めていく集団体制、さらに、部下に指示し監督する立場ではなく、自ら動かなければならないスタッフ性も併せ持つトップの運営能力です。

（4） 経営学からみた経営者のありかた

　経営者のありかたについては、経営学の分野でもさまざまに語られています。それらの中から定説となっているものを参考にしながら、草の根NPOのスタッフ理事に必要な「NPO運営者のありかた」を考えてみましょう。

　経営者の機能や役割についての主要な主張については、最近の本では大沢武志さんがコンパクトにまとめています。それが図表2－1です。大雑把にいえば、経営者の機能や役割は、その組織の長期的な方針と、それを受けた短期的な戦略を明確にすること、それを組織内の構成員・組織外の協力者に周知・共有して成長を目指すこと、の二つに大別できます。大沢さん自身は、「組織の目標達成に向けて、メンバーに役割を割り当て、その遂行を指示・要望し、督励する機能」と「個々のメンバーの側に立ってその立場を理

●清水龍瑩による「経営者の三つの機能」
　1)「将来ビジョンの構築と経営理念の明確化」
　2)「戦略的意思決定」
　3)「執行管理」
●バーナードによる「経営者の三つの役割」
　1)「多数の構成員の活動を方向づけるために、共通の目的を明確にすること」
　2)「各構成員の協同意欲（Willingness to cooperate）を高めること」
　3)「各構成員の活動を相互に調整するために情報を伝達すること」
●ドラッカーによる「効果的な経営者の五つの条件」
　1)「時間の有効活用」
　2)「究極目的に貢献するよう自らの行動を律する」
　3)「自社のなかの強みを見据えて実行可能なことを考える」
　4)「重要な領域に力を入れる」
　5)「決定は基本的な少数の対象に絞る」
●コッターによる「最高経営責任者を含めた一般的な経営者の役割」5項目
　1)「不確実性のもとでの基本目標、方針、戦略を設定する」
　2)「長期的視点に立って各種資源を配分する」
　3)「多数の込み入った諸活動から問題点を出す」
　4)「多くの関係者の協力を得る」
　5)「多用な人びとを動機づけ、コントロールする」

図表2－1　経営者の機能や役割についての主な学説（大沢武志［2004］『経営者の条件』岩波新書　pp. 38-39）

解かつ受容し、人間関係にも配慮し、集団の心理的基盤を維持する機能」の二つにまとめています(大沢武志［2004］『経営者の条件』岩波新書 p. 81)。

　私自身、サラリーマンから経営者に転じたときにとまどったのは、サラリーマンと経営者では、視野も違えば、考えかたも全く違う、ということです。極端にいうと、組織の歯車のような立場で口にすると周囲から呆れられるような、大風呂敷を広げなければならなくなるのです。それに気づき、トップとしての言動ができるまでには数年かかりました。今になって振り返れば、トップの考えかた、判断基準などを知っていれば、サラリーマンとしての身の処しかたも違っただろうと思います。その意味では、昼間は企業に勤めていて、週末はNPOのトップという立場になることは、昼の仕事にも役立つ面が出てくる可能性もあります。

　『週末起業』という本を出して有名になった藤井孝一さんは、週末起業に踏み切れない人は、「サラリーマン的発想」で頭が凝り固まっているが、一方、週末起業をして成功する人は、サラリーマンでありながら「サラリーマン的発想」とは対局にある**「起業家的発想」**ができる人、といいます。

　藤井さんのいう「サラリーマン的発想」とは次のような発想です。1)行動できない理由を探すのがうまい。2)悲観論者である。3)リスクを極度に嫌い、投資をしない。4)人のせいにする。だから決断を先延ばしにし、アイデアを行動に移すことを躊躇するのです。

　一方の「起業家的発想」の特徴は次になります。1)とにかくやってみる。2)未来志向、ポジティブ志向である。3)投資をする。4)すべて原因は自分にあると考える。というものです(藤井孝一［2004］『週末起業チュートリアル』ちくま新書 pp. 136-137)。

　これはまさに、経営者と従業員の発想の違いそのままです(ただし、この著者はNPOを週末起業の一手段と見なしており、本書のようにNPOは本来市民運動から発したものだ、という点を考慮する立場とは違いますが)。トップになった人は、藤井さんのいう「起業家的発想」が求められます。

　では、トップに立つ人間には具体的に何が求められているのでしょうか。

　こうした人間は、柳孝一さんのいいかたを借りれば「行動型」と呼ぶこと

ができます。柳さんは行動型人間に変身するノウハウを三つ挙げています。1）拙速をいとわず、朝令暮改を旨とする。2）思い立ったら、まず行動する。3）実務に強くなる（柳孝一［1997］『起業力をつける』（「知のノウハウ」シリーズ）日本経済新聞社 pp. 127-129）。

　たとえば2番の「思い立ったら、まず行動」の具体例としては、「ビジネスプランの原型ができたら、専門家に見せて、いろいろ指摘をしてもらって、すぐに直す。直したものを別の専門家に見せ、意見を聞く。このようなことをくり返すと、立派なビジネスプランになる」としています。

　また3番目の実務については、実務能力のある人は、自分でやることと人を使うこととを区分し、自分でやるべきことをやってから人に指示を出し、報告を受けたら次の行動に入る。このようなサイクルが非常に速い。また、法律や規則、手続きの仕組み、マニュアルなどについてよく知っているか、「よく知っている人」を知っている。このようなタイプの人間になるには、このようなタイプの人間の近くで仕事をするか、または念頭において行動をすることとしています。この最後の「よく知っている人」については、次章で再び触れます。

（5）　NPOのリーダーに求められるもの

　理事長などのリーダーが発揮するのがリーダーシップですが、これは当然、相手があってのことです。企業であれば社長対従業員です。草の根NPOの場合は、組織の意思決定を行なうトップである理事会の中でも、理事長がそのリーダーとなり、他の理事の中で日常業務を分担します。リーダーシップとその相手は、理事長対スタッフ理事になります。

　NPO組織論に詳しい田尾雅夫さんは、NPO内でのリーダーシップと、それを受けるフォロワーシップについて3点、次のように記しています（田尾雅夫［2004］『実践NPOマネジメント　経営管理のための理念と技法』（NPOマネジメントシリーズ1）ミネルヴァ書房 pp. 120-121）。NPOを含め組織内でのリーダーシップは、1）相手がある（リーダーシップに対するフォロワーシップ）。2）個人的能力ではなく、必ず存在する。3）勝手に発揮することではない、のです（もっとも、社長以外にリーダーシップを発揮す

る人がいる会社も存在します。経営学でも、そうしたフォーマルな人間関係以外にインフォーマルな人間関係があることも考えることがありますが、NPOの場合は、そうしたフォーマル・インフォーマルという人間関係の二重性は考えなくて良いでしょう)。

　草の根NPOでいえば、「他のスタッフ理事あってのリーダーシップである」「誰かがリーダーシップを発揮しなければならない」「わがままをいうことではない」といいかえられます。そのNPOの日常業務の遂行にあたっては、スタッフ理事と共同で行なうが、それとは別に、何かを決断したり指揮することが求められるのです。

　決断力のない人はリーダーには向きません。早合点するよりはじっくり考えるほうが良いのでしょうが、それでも決断の速さが求められることは多々あります。理事に相談して意見を問うのも必要です。が、決断しなければならない立場の人が決められないと、組織は立ちゆきません。

　「決める」というのは孤独な行為です。決断に至るまでには、さまざまな人に相談することも可能ですが、最後に決断を下すのはリーダー自身で行なわなければなりません。先に引用した田中尚輝さんも、「つまるところ人間は一人」であり、「自分個人発」でなければ何ごとも始まらない、一人っきりになっても自分で決めたことは実行する、最悪の場合には「非難囂々の中で一人になる」、ということになっても別に動じることはない、と言い切っています(田中尚輝［2004］『NPOビジネスで起業する！』学陽書房)。

　リーダーは孤独である。一緒に仕事するスタッフ理事も、そのことは理解していることが必要でしょう。リーダーに責任を押しつけるのでは、リーダーのなり手がいませんし、決断力のない人をリーダーに選ぶと、組織が立ちゆかなくなります。また孤独になりがちなリーダーは、他のNPOや企業などのリーダーと人的なネットワークを培うことで、同じように孤独な同士で、情報を交換しあい、励まし合うことができます。企業の社長たちがよく集まるのは、商売上の情報交換以外に、こうした経営ノウハウの共有のためもあるのです。

（6）リーダーの決めたことには従う・フォロワーシップ

　市民運動やNPOの人たちは「民主主義」を重んじることが多いようです。それは結構なのですが、時々、話し合っていてリーダーが決めることに反対な人が、決まった後も反対意見をいい続ける場面を見ることがあります。

　これは「組織」となったときには、好ましいことではありません。特に、組織外との交渉につながるような決定に対しての反対意見が、その外部との交渉の場面で出てくると信用問題になります。

　私が支援していた市民運動で、静かな住宅街に高さ100メートルのワンルームマンションを建てる計画への反対運動がありました。この運動に携わった人たちは、良くいえば「民主的」、悪くいえばまとまりに欠け、そうした決定への反対意見が抑えられませんでした。この運動では、役所の紛争調停を申し立て、そこでは弁護士などの調停委員を前に建設業者と意見を出し合う場面がありました。途中で、風害の実験結果を建設業者が出すか出さないかで揉め（出させることは建設に一歩近づくから反対、という意見がありました）、一旦は「建設を前提としないという条件で」出してもらうということに決め、調停委員会にも伝えました。

　ところが、次の調停委員会で建設業者が風害の実験結果を出そうとしたときに、市民運動側が「やはり反対だという声が出たので困る」と覆してしまったのです。とたんに建設業者が「この人たちのいうことは、いつもこの調子で二転三転して信用できない」と調停委員に言い募り、結果として調停でも不利な立場になってしまいました。

　このように、運動体としてまとまりが悪かった結果、調停の次のステップとして裁判所に訴えるかどうかで意見が分かれて収拾がつかなくなりました。結局、代表が交代して裁判を起こしたものの、裁判に反対して分かれたグループが裁判所へ反対意見を出しに行くなどして、裁判の結果も思わしいものにはなりませんでした。

　もちろん、リーダーに絶対服従せよ、ということではありません。一度決めたことでも、状況が変われば柔軟に見直すことも充分ありえます。が、決まったことには従う。たとえ反対意見を持っていても、それを表明するには

TPOを考える、それがフォロワーシップです。

（7） リーダーの選びかた

　市民運動の場合、時々、「決断力のない人をリーダーに選ぶ」ということが起きます。「大変な仕事だから、平等に順番にやりましょう」という論理です。趣味のサークルならかまいませんが、会員を集め、地域で活動しようというのであれば、これは駄目です。

　トップは組織の代表として、外部とさまざまな交渉をしなければなりません。その時に、その組織としてのビジョン（NPOであればミッション）や戦略、組織としての内実を理解し、その交渉ごとをどうすべきか、素早く決断できる人でなければなりません。現代は時間を惜しむ時代です。決断力がない人はチャンスを逃しますし、一度決めたことをあれこれと覆す人も、信用をなくします。

　企業でも、決断力のない人がリーダーになっていることがあります。私も何度か、商談を持ち掛けたものの相手方のトップの決断が遅れて話が進まず、途中で他社に乗り換えたことがあります。断るなら断れば良いのです。グズグズと話が延びるのは信用に響きます。一番困るのは、音沙汰がなくなることで、そういう組織には二度と話を持ち掛ける気にならないのが人情です。

　実をいうと、NPO以外の組織、たとえば営利企業や、私が勤めているような大学でも、リーダーの選出にあたって、能力ではなく「平等に順番に」選ぶことがあり、そうして選ばれたリーダーはたいていが無能で、組織を混乱に陥れてくれます。そして、そういうリーダーの時には、組織内でも、組織外でも、リーダーが無能であることを良いことに組織を食い物にしようという輩が必ず現れます。

　「地位が人を育てる」ということも否定しません。ただし、それはいきなり組織のリーダーに据えるのではなく、何かの事業を行なう時に責任者になるとか、そのNPOの事務局長とか副代表をしばらく勤めてもらって、そこでリーダーの任に堪えるかどうかを見極めたほうが無難でしょう。もちろん、そういう「修業中」は、現職のリーダーがリーダーとして必要な知識を

授けなければならないでしょう（あるいは経営者のありかたを勉強させるということでしょうか）。

（8） リーダーの交替

　同じ人が長くリーダーを勤めるのも、いろいろと弊害があります。とはいえリーダーの交替というのは難しい問題です。特に、カリスマ性のあるリーダーの場合、なかなか後継者が見つからないでしょう。これはアメリカのNPOでも大きな課題であり、ドラッカーも著書『非営利組織の経営』で後継者の選びかたについて1節を割いています（ドラッカー、pp. 195-196）。
　前に紹介した大沢武志さんは、経営者の引退を次の4タイプに整理しています。

1) 君主型経営者：死を迎えるまでは自ら引退しない。打倒されるか、腕ずくで追い出されるか、さもなくば現役のまま死ぬ。
2) 将軍型経営者：君主型と同じように強制的に退陣させられる。不承不承引退するが、後継者が人に適さないことを理由に復権を目指す。
3) 大使型経営者：引き際が実にきれいで、引退後も積極的に会社との関係を維持し、後継者を支援する。よき指南役となることはあっても、後継者を妨害するようなことはしない。
4) 知事型経営者：一定期間リーダーを務めた後きれいに引退するが、その後は辞めた会社と引き続き形式的な関係を保つことはほとんどしない。別の職業に出口を見つけ、そちらへすっかり移ってしまう。

（大沢武志［2004］『経営者の条件』岩波新書 pp. 198-205）

アメリカのNPOの場合、カリスマが作った組織には、君主型や将軍型が多いようです。日本の市民運動が組織したNPOの場合、望ましいのは大使型でしょうが、上手くやっているNPOの事例を見ると、この4分類とは異なった、大使型の発展型のようなかたちが見られます。

理事の中からリーダー（理事長）を選任し、その人が数年勤めたら交替してスタッフ理事に戻る。また数年したら、前にリーダーになった人が再びリーダーを勤める、というかたちで、リーダーの器と皆が認める数人で回り持ちにしているパターンです。さらに次第に若い人をスタッフ理事に入れ、しばらく理事として仕事をする中で能力を見極めたら、リーダーに推す。そうして、ゆるやかに世代交替していくようです。

　なお、NPO運営に必要であるけれども、リーダーに向かない人種がいます。研究者とオタクです。どちらも一つのことにこだわる人々で、それが学問にもとづいた知見になっているか、経験にもとづいた知見になっているか、の違いです。研究者はすべからくオタクであるといってもいいでしょう。彼らは往々にして視野狭窄に陥りがちですから、一般論としては、リーダーには不向きです。もちろん、研究者としても組織リーダーとしても能力を持つ人もいなくはありませんが、少数派です。しかし研究者やオタクはNPOを運営していく上で、知恵を出してもらったり問題解決してもらうためには必要な人たちです。この問題は次章で触れましょう。

2　事務局のありかた

（1）柔らかい組織

　さて、市民運動の人たちが嫌いがちな「組織」です。草の根NPOという組織のありかたについて考えましょう。本来、NPOという組織は、NPO法でいう社員、つまり会員あっての組織なのですが、ここでは執行部である事務局を想定します。特に草の根NPOで数人のスタッフ理事たちが分担している事務局を対象とします。会員をどう集めるか、ということは次章の戦略として考えます。

　「組織」というと、社長がいて、その下に部長がいて、その下に課長がいて、その下に係長がいて、その下にヒラがいる、そういうピラミッド型ツリー状の会社が思い浮かびます。そして、ヒラから社長まで稟議の書類を回すとハンコが何十個と捺され、意思決定に時間がかかる……というイメージでしょうか。かつて私が勤めていた自治体など、この典型でしょう。知事、

局長、部長、課長、係長、主事。全体で 7 万人の職員がいる大組織でした。

　こんな組織では、草の根 NPO の参考にはなりません。が、企業などでは最近、組織のフラット化とダウンサイジング化が流行しています。つまり、社長、部長、課長、係長、ヒラ、と 5 階層なのを、社長、プロジェクトマネージャー、プロジェクトスタッフの 3 階層ぐらいにしてしまう（フラット化）、そして 1 プロジェクトごとのグループは小さくする（ダウンサイジング化）、という改編です。自治体でもこうした試みを行なっているところがあります。

　ちなみに組織論の田尾雅夫さんは、こうした動きを踏まえて NPO の組織のありかたとして、「柔らかい組織になるために、脱組織化の試み」を挙げ、1) フラット化、2) ダウンサイジングつまり小組織化、3) オープン化、4) 人材の流動化、5) 有為な人材の養成、の 5 点を指摘しています（田尾雅夫［2004］『実践 NPO マネジメント　経営管理のための理念と技法』(NPO マネジメントシリーズ 1) ミネルヴァ書房 p.64-65）。

　つまり、企業であっても意思決定の単位は草の根 NPO に近づきつつあります。そうした意味では、企業組織論もある程度は参考になるでしょう。

　田尾さんの唱えるような「柔らかい組織」は、いってみればスタッフ個人個人の個性が見える組織です。ピラミッド型組織のように、スタッフはその組織の部品であって機械の歯車になっているのではない。

　こうした 2 種類の組織を、納豆と豆腐にたとえていた人がいます。「豆腐も納豆も、どちらも同じ大豆を原料としている。豆腐は、全体がきれいに統一されていて、見た目にも綺麗だ。しかし、原料の豆は見えない。つぶされている。納豆は、原材料の豆がはっきり見えており、しかも相互に糸を引き合っている。集団に埋没した個の状況、集団と個が両立し、個と個に相互関係がある……」（長沼豊［2003］『市民教育とは何か』ひつじ市民新書 p.10）。上手いたとえだと思いませんか。

（2）　多様な人材をスタッフに

　草の根 NPO の事務局を、豆腐型ではなく納豆型の組織にするには、個人個人を大切にすることも重要ですが、おのずと納豆型の組織になる方法があ

ります。それは、できるだけ多様な人材をスタッフにすることです。

　草の根NPOの場合、そのミッションがはっきりしていればはっきりしているほど、同じような人が集まっていることがあります。たとえばまちづくりNPOだと建築関係者が多いとか、文化系のNPOだと芸術家ばかりとか。そのミッションに関心を持つのは、その業界人に多いというのは仕方ないにしても、これは好ましくありません。

　企業の場合でも、成長していくに従ってさまざまな人材が必要になります。たとえばベンチャー企業だと、会社のライフサイクルに応じて、起業家、実務家、管理者、まとめ役の四人が必要になるといわれています。アイデアを出して動き出す人、そのアイデアを具体的に実現する人、事業になった時に管理する人、大きくなった会社をまとめる人、ということです。

　経営コンサルタントとして有名な神田昌典さんが、この話を次のようなたとえ話にしています。「桃太郎は、鬼が島に鬼退治に出かけようというアイデアを思いつく。アイデアを思いつく桃太郎は起業家だ。桃太郎が歩いていくと、そこにイヌが鬼退治に加わる。イヌは主人に忠実に尽くすので実務家。次に、サルが鬼退治に加わる。サルは知恵の象徴。システム化が重要な仕事である管理者の役割。最後にキジ。キジは愛と勇気の象徴。グループ全体をまとめ上げるまとめ役。」(神田昌典［2004］『成功者の告白』講談社 pp. 279-284。この本は小説仕立てで、起業する人と家庭との関係に触れた部分は示唆に富んでいます。)

　成長モデルに乗るかどうかは別にして、草の根NPOの場合も、さまざまな状況が生じ、さまざまな場面に出くわします。その時に、同じような人ばかりだと対応できない可能性が高いのです。

　神奈川県逗子市はかつて、自然豊かな池子弾薬庫跡地に米軍住宅を建設するという計画が持ち上がり、市民たちが反対運動を行ないました。反対運動から市長を出し、アメリカ政府にまで抗議するなど努力したのですが、最終的には米軍住宅が建設されます。その間、この運動が長期化するにつれて、次第に運動に携わる人たちの間に不協和音が出るようになり、運動から離れる人が続出しました。

　最初はさまざまな職業・年齢の人たちが一緒に運動していました。が、運

動が長引くに連れ、「独身の人はいつでも参加できるけど、主婦は家庭があるから」「学生さんは気楽でいいわね」と属性の違う人を異質物扱いし、離脱させてしまうようなことが見られたと観察されています（池子弾薬庫跡地の市民運動については、森元孝［1996］『逗子の市民運動』（お茶の水書房）という、しっかりとした社会学研究書があります）。

　池子の市民運動が成功しなかった理由は幾つもあり、もっとも大きかったのは日米安保条約の壁であって、決して、ここで紹介したような運動スタッフの異分子排除ではないと思います。が、運動が分裂していくことで弱体化し、市民層の支持も失っていったことも見逃せません。さらに遡れば、1970年代の左翼運動が、些細な違いを原因にセクト分裂し、最後は内ゲバを繰り返し、殺人まで犯して国民の支持を全く失っていったことも思い出されます。

　NPOは、寄付や会費を集めて活動します。寄付してくれる人、会員になってくれる人を集めなければなりません。そのためには、多種多様な人に訴えかけられるミッションが必要であり、多種多様な人に訴えかけるためには、多種多様な考え、思想信条趣味嗜好の違いを理解できなければなりません。が、個人に全てを理解することは難しいでしょう。

　ならば、さまざまな人がスタッフとして協働し、それぞれが得意とする客層を担当すればよいのです。そうしたスタッフ相互で納得してもらえないような意見は、そもそも会員や地域社会で広く支持されるはずがありません。

　また、次節で詳しく触れますが、今のNPOはさまざまなアイデアを立案することが求められています。どんな知恵者でも、一人が出せるアイデアは限界があります。二人と四人では、2倍の違いですが、二人が議論して出てくるアイデアの数と、四人のそれでは、四つと16個の4倍の差になるかもしれません（2×2と4×4でしょうから）。こうしたアイデアを出すには、その分野の専門家の参加も必要になります。次節で議論します。

　そうした外向けの理由以外に、もっと切実な問題として、事務局はさまざまな実務を行なわなければなりません。企画、広報、会員管理、会計……同じような人ばかりスタッフだと、どれかの業務は全員苦手、ということもありえます。主立ったスタッフ理事では誰も会計をできず、結局、さるスタッ

フ理事の奥さんに会計をやってもらう……などという安易な人選は、トラブルのもとです。

　さまざまな職業・年齢の、属性の異なる人たちの集まりを作れば、おのずと納豆型の組織になります。豆腐・納豆のたとえでいえば、カラフルな納豆を目指しましょう。多用な人材を抱えた組織にすることについては、3節(2)でも考えます。

（3）　情報の共有を
　当然、スタッフ理事の間の風通しをよくし、意思の疎通を図っておく必要があります。企業や行政などの組織に勤めている人は聞いたことがあるでしょう。「ほう・れん・そう」です。報告・連絡・相談を密に行なう。情報は常に共有しておく。とはいえ、数人のスタッフ理事でもなかなか一同に集まれないでしょう。集まれるのは、せいぜい月に1度ぐらいではないでしょうか。

　外から見れば、スタッフ間で情報が共有されていない組織は、組織ではありません。「聞いてません。誰がいいましたか？」などと受け答えする組織は信用を失います（そのためにウェーバー的官僚制へとつながっていくのですが）。情報の共有のために有効なのが、メーリングリストや、インターネット掲示板（WebBBS）、ブログといったインターネットの道具です。インターネットの使いかたは戦略的な要素も強いので、章を改めて詳しく考えましょう。

　いろいろな人と共通の目標に向かって議論しながら協働する。「いわなくても判るだろ」が通用しないことは、最初はもどかしいものです。が、ぜひ、「こいつ嫌いだな」「好きになれない」という人でも、有能な人はスタッフに迎え入れてください。単純な話です。無能な善人より、有能な悪人を。それを上手く使いこなし、そういう人を雇ったことで生じる不協和音をなだめるのは、リーダーの仕事です。

（4）　スピード感が必要
　戦略については次章で考えますが、戦略、組織、リーダーシップの全てに

重要な点があります。それは何かというと、スピード感です。

　市民運動やNPOの人たちは「民主主義」を重んじます。が、往々にして、市民運動の「民主主義」とは全員一致を意味することがあります。本来の概念定義はさておき、全員一致の民主主義は時間がかかります。まして理事会は月に1度だったりすると、揉める問題は先送り、先送りで何ヶ月も議論が続くこともありえます。

　民俗学者の宮本常一さんが昭和25、6年頃の対馬の話として、「村でとりきめをおこなう場合には、みんなの納得のいくまで何日でもはなしあう」しきたりが200年も続いていた、と書き留めています（宮本常一［1984］『忘れられた日本人』岩波文庫 pp.13-21）。

　素晴らしい慣習だと思いますが、残念ながら、今の社会では通用しないでしょう。特に、NPOの外から持ち掛けられた話について、このような民主主義をやっていては相手がしびれを切らしてしまうでしょう。

　組織内の「民主主義」を重んじるあまり、相手への対応が遅れ、相手が他へ行ってしまっては元も子もありません。かといって、他に本業を抱えながらNPOをやっているような人たちが、何か起きるたびに集まるというのも不可能です。ですから、メーリングリストなどで相談できることは相談することにし、いくつかのルールを決めておきます。提案としては二つ。「言い出しっぺの原則」「○○時間ルール」です。

　「言い出しっぺの原則」とは、提案した人が音頭を取る、ということです。「こういうの、やらない？」とアイデアを出した人は、基本的に自分がチーフとなってプロジェクトを進める。もちろん、回りが手伝ってあげるのですが。「こういうのが良いと思うんだけど、誰かやりませんか？」は駄目、ということです。

　「○○時間ルール」とは、提案があった場合に一定時間内に異議がなければ承認されたと見なす、というルールです。ソフトバンクでは24時間だそうですが、常識的には48時間とか72時間でしょうか。こう決めておけば、相談のあったお客さんなどにも「3日以内にお返事します」と確実な対応ができます。

　言い出しっぺの原則にせよ○○時間ルールにせよ、その大前提は「情報の

共有」です。前述した「ほう・れん・そう」がなければ、新しい話を持ち掛けられた側は判断のしようがありません。判断できなくて黙っているうちにタイムリミットになって自動承認される、ということになってしまいます。日頃からコミュニケーションを充分に行なっておくこと、相談する際は、その案件に関する情報を充分に伝えることが大切です。

　組織の外にいる相手にスピーディに対応するには、組織内もスピードが求められます。月に１度の理事会を開かないと何も決められない、というのはタイムイズマネーの時代には相手にされないということは、憶えておいてください。

3　プロ意識とアマ感覚のバランス

　本章の冒頭で、NPOや市民運動で強調されるのが「市民感覚」だという話をしました。「市民感覚」という言葉に込められているのは、専門家のプロフェッショナリズムへの反感であり、「アマチュア感覚を大事にする」という価値観です。もちろん、会員やクライアントの気持ちを理解し共感できることは大事ですが、だからといって、サービスを行なうNPO側もアマチュア意識で良いとはいえません。

　NPOの組織設計を考えたときには、「市民感覚」だけで人選はできません。専門性も考える必要があります。専門性のある人材を備え、それなりのプロ意識がなければ、高度なサービスは行なえません。アマチュアのままでは「御近所のお手伝い」と同じレベルであり、クライアントにとっても、なにもNPOを呼ぶ必要はなくなります。

　特に、行政や企業にもの申す「市民運動」から、自分たちで解決策を提案していく「市民活動」になったように、NPOには、行政や企業に互して社会にアピールするだけの力量が求められます。また、行政や企業と協働していくためには、行政や企業と同レベルの知識も必要です。場合によっては、ミッションの分野に関しては第一人者といえるぐらいの専門性も求められるでしょう。

　本節では、「アマチュア主義」から脱しながら、往々にして嫌われがちな

専門家の持つ「過度のプロフェッショナリズム」に陥らないためのバランスの取れた組織づくりを考えます。

（1） プロ市民

　「プロ市民」という言葉があります。これは「2ちゃんねる」というインターネットの巨大掲示板で生まれた造語で、「市民運動を職業にしている左翼の人」を揶揄した言葉です（これに対抗して、ネット右翼を体制の奴隷であるとして「プロ奴隷」と呼ぶ反撃があります）。そういう政治的揶揄はともかく、この「プロ市民」というのは面白い呼びかたではないでしょうか。最初に名付けた人は、プロフェッショナルと市民とは対義語で、それを合体させるところに受けを狙ったのだと思います。が、逆に、「プロの市民」というのもありうる、ということを考えさせてくれます。

　たとえば原子力発電の問題を告発し続け、自らを「市民科学者」と呼んだ故・高木仁三郎さんなどは、良い例です。彼の衣鉢を継いだ原子力資料情報室も、NPO法人になっています。高木さんも原子力資料情報室も毀誉褒貶あり、専門外の私からは、彼らと原子力推進派のどちらが正しいのかを決めることはできません。しかし彼らは、政府・電力会社などを中心とした原発推進派に対し、それと対等に理論武装し、場面によっては同じテーブルで議論できるだけの専門性を持った市民活動に高まっています（高木仁三郎さんの半自伝『市民科学者として生きる』が岩波新書で出ているほか、著作集も七つ森書館から出ています）。

　高木さんはもともと東大を卒業した専門家でしたから、一般例には適さないかもしれません。しかし、NPOが解決しようという地域の問題は、その分野ごとの専門性もあれば、地域性という部分もあります。そして地域性ということでいえば、その地域の住民は誰しもプロたりえます。最近盛んな「地元学」は、こうした視点を学問にまとめようとしているといえるでしょう。

　ただ、地域のことだけでは「土地の古老」と同じです（失われゆく土地の古老たちの知恵を聞き出して収集するというNPOもありますが）。NPOとして活動するからには、地域のことプラス、ミッションを軸にした専門性を

身に付ける必要があります。介護なら介護に関する専門性が求められるのは当然ですし、まちづくりは都市計画の知識がなければできません。国際交流も、異文化交流についての知識がないとトラブルを起こし、訪問者も受け入れ側も不快感を持つだけで終わるでしょう。

　しかし、一人一人の市民が学者や行政マンと対等に議論できるだけの知識を身に付けるのはなかなか大変です。だからこそ、第2節で書いたように、さまざまな人々が集まることで相互に補完し合うことが大事なのです。

　では、さらに二つのことを考えます。一つは、NPO全体としての知見のありかた、もう一つが専門家との付き合いかたです。

（2）　ティー型・パイ型の組織へ
　2(2)で、多様な人材によるカラフルな納豆みたいな組織を、という話をしました。ここではもう少し具体的に、どういう多様な人々を集めるかを考えましょう。

　人材育成の分野では、人材を、その持てる知識の幅と広さで五つに類型化することがあります。知識の幅を横軸に、知識の深さを縦軸に取って、その人の知識の広がりがどうなっているかで分類するというものです。横棒型、アイ型、ティー型、パイ型、アバウト型です（図表2-2）。

　まず横棒型というのは、オールラウンドに一通りのことを広く浅く知っている、ジェネラリストと呼ばれるタイプです。

　横棒型と反対なのが、アイ型。一つのことを極めているタイプで、スペシャリストとも呼ばれます。「この分野なら、この人」というタイプであり、職人に多いのではないでしょうか。

　ティー型は、横棒型とアイ型の複合タイプで、広く浅い知識と、深い専門分野の両方を兼ね備えている人のことです。さらに、深い分野が二つ以上ある人は、パイ型と呼ばれます。

　アバウト型は、さまざまなことをさまざまなレベルで知っているタイプです。学者でもないのに「博識」と呼ばれる人、蘊蓄を傾けるのが好きな人に多いのではないでしょうか。

　NPOであれ企業であれ、役所であれ、こうしたタイプの異なる人々をど

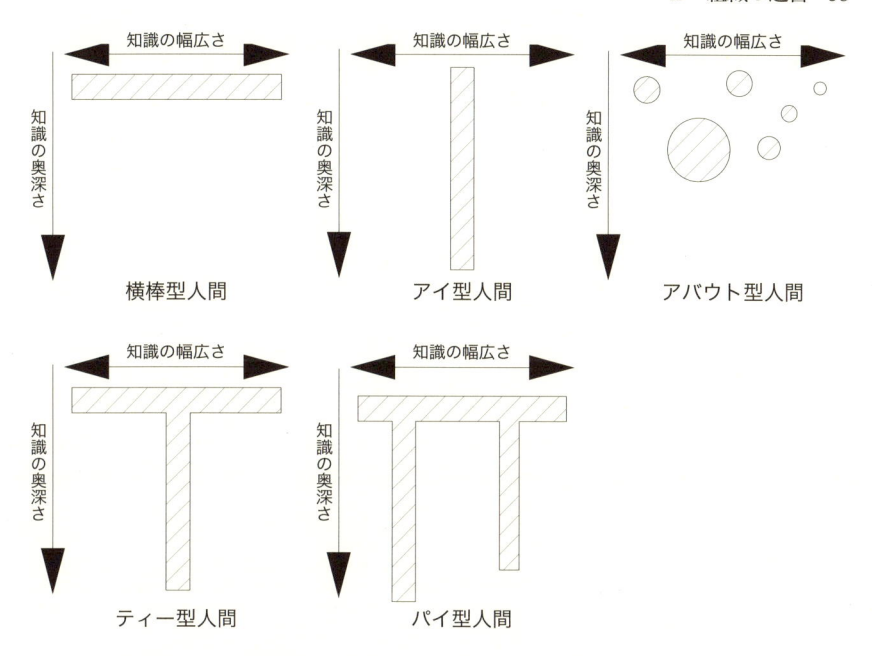

図表2-2　横棒型、アイ型、ティー型、パイ型、アバウト型の人間

のように集めるか、あるいは育てるかは、大きな問題です。ただ最近の行政マンは、横棒型人間であることを求められているようです。というのは、役所の中は定期的に異動があり、全く違った職務を担当することもあります。ですから、何でもでき、どんな分野でも判断できることが必要で、そのためには、ジェネラリストであることが求められるのです。そして深い専門知識が必要な場合は、外部のスペシャリストを呼べばいい、ということなのだそうです。

ただ、何か問題が発生して専門家を呼んだときに、横棒型人間が、アイ型人間タイプの専門家が語る専門性の高い内容が判断できるのかは、やや疑問です。判断するためには何らかの評価軸が必要です。評価には、その専門分野に即して妥当であるかどうかが含まれますから、横棒型人間には判らない世界ではないでしょうか。結局、専門家の話しかたとか文体、プレゼンのセンスなど、そうした雰囲気に流されがちです。

たとえば、ある学校の新築計画があり、設計者を選ぶことになりました。

通常は価格入札で安い値段で請け負う会社を選ぶところですが、PTAなどから強い要望があり、数人の建築家や設計事務所に依頼して原案を作ってもらい、それを公開プレゼンテーションで選考することになりました（プロポーザルという方式です）。提案内容がもっとも素晴らしかった建築家の案は落ちました。理由は、その建築家のプレゼンテーションが「オレのを選ばないのは馬鹿だ」といわんばかりの傲慢なものと受け止められたからです。

NPOは、そのミッションを遂行するための専門性が求められる存在です。そのためには、横棒型人間だけの集まりでは上手くいかないでしょう。この学校建築の例でいえば、「あの建築家は傲慢だ」と反感を持って排除するのは、素人の論理です。「いくら素敵な内容でも、この先ディテールを相談しなければならないのに、ああいう人ではトラブルが起きそうだ」という判断だったのかもしれません。しかし、その素敵な提案を実現させる一方で、不遜な建築家とも渡り合うことこそが、NPOに求められているともいえるのです。

逆に、アイ型人間の集まりというのはどうでしょうか。専門家集団といわれるものです。これも市民運動には縁遠いでしょう。逆に、そうしたアイ型人間の専門家で体制側に立って発言する人たちへの反発を、市民運動やNPOから耳にします（専門家が集まったNPO法人というのも存在しますが）。こういうNPOの場合、上記のような傲慢な建築家に対する一般市民の反発を汲み取れない可能性があります。

草の根NPOが目指すべきは、ティー型・パイ型の組織づくりです。広く浅くオールラウンドな知識と、深い専門分野を持ち合わせているNPOです。間口は広く、どんな問題にでも対応でき、かつ、奥深い部分もありますよ、ということです。もちろん、スタッフ全員がティー型やパイ型の人間である必要はありませんし、それは非現実的です。横棒型の人、アイ型の人、ティー型の人を揃えておくのです。

そのためにはスタッフや会員に専門家が入っていることが望ましいのです。多くのNPOでは、そのミッションに関連した分野の専門家が入っているようです。たとえば、まちづくりなら建築関係、福祉だとケースワーカー、といった具合です。が、スタッフに専門家が入っていない場合もあり

ますし、会員がサポートしてくれても、本業が忙しいなどの理由で、本格的に活動に参加してもらえないことも多々ありえます。

そこで考えられるのが、外部の専門家との上手な付き合いです。間口を広くするからといって、持ち込まれる全てを自分たちで対応するのではなく、専門外の問題は、他に紹介する。あるいは、自分たちのミッションに関することでも、助っ人を頼めるようにしておく、そういうネットワークを作っておきます。

同じ地域で活動している他のNPOとのネットワークを作っておく方法もあります。何かあったときに協力し合えるような態勢を作っておけば、広げた間口に入ってきた依頼で「自分のところでは……」というものを紹介できます。草の根NPOにとって、外からの打診を断らずに済む能力は、次の仕事につながりますから大切です。何かあった時に、各地にあるNPOサポートセンターを通すことも考えられますが、それで紹介された他のNPOと協調できるかは未知数ですから、日頃から連携しておくほうが良いでしょう。

(3) 専門家と接触するには

では、どんな専門家と付き合えばいいのか。これも難しい問題です。

市民運動サイドは、政府の代弁者のような専門家には、不信感を抱くものです。スリーマイルの原発事故の時に「ソ連の原発は安全だ」といっていたのにチェルノブイリの事故が起きたとか、サンフランシスコ地震で高速道路が崩落したときに「日本の高速道路は大丈夫だ」といったくせに阪神淡路で……などということが起これば、専門家のいうことなど信用できなくなるでしょう（実際は、それぞれの発生条件が異なりますから、そうした発言が誤りとは一概にいえないのでしょうが）。

とはいえ、高木仁三郎さんのように自ら「市民科学者」と名乗る人ほどでなくても、市民運動にシンパシーがあり応援してくれる専門家もいます。応援してくれる理由はさまざまです。職業倫理によるのかもしれませんし、体制に不信感を持っているからかもしれません。地域貢献のつもりかもしれません。理由はどうあれ、必要な時に、必要な分野の、必要な知見をもたらしてくれる人を捕まえておくことは大切です。もちろん、日頃から活動に参

してもらうとか、会員になってもらうとか、そういうことも働きかけておくべきです。

「専門家」と一口にいっても、いろいろな立場の人がいます。企業勤務の専門家、組織に属さない自営業の専門家、公立や民間の研究所勤務の専門家、大学教員。あるいは市井の隠れた専門家もいるでしょう。ただ、NPOの分野でいうと、接触するチャンスが多いのは大学教員です。比較的自由時間がありますし、自由に行動できる人たちですから付き合いやすいでしょう。また、最近は大学も地域貢献や、研究成果の社会還元を求められており、教員が作るNPOもあります。以下、大学教員との接触方法について考えましょう。その後で、自営業や市井の専門家についても考えます。

「そんなこといったって、大学の先生なんて敷居が高い。それに、どういう人がいるのか判らない」という疑問があると思います。最初の問題は簡単です。大学教員を呼ぶには、「三つのネ」を使えばいいのです。

「三つのネ」とは、カネ、コネ、タネです。講演料とか委託料で報酬を出すか（カネ）、人間関係でお願いするか（コネ）、これはよくある話です。が、草の根NPOにとってカネは辛いところです。またコネで呼べる人も限られますから、呼びたい人を呼べるとは限りません。そこで発揮すべきが最後のタネです。

つまり、NPOそのものが「研究のタネ」になりそうであれば、研究者のほうから寄ってきてくれます。そういう研究者に、NPOの情報を与えると同時に、逆に聞きたいこと・教わりたいことを聞き出す。お互いにえるものがあるという関係を築くのです。

これは何より、お金がかかりません。NPOは流行りですから、研究者の側も興味を持っています。その研究者が会員になってくれたり、寄付してくれたりするかもしれません。もちろん、NPOのほうがそれだけの魅力を見せられれば、ですが。

では、どうやって探すか、ですが、これは人づて・口コミか、トライ・アンド・エラーのどちらかです。どうも王道はなさそうです。最近は、多くの研究者がインターネットなどで研究成果を公表しています。インターネットの場合、個人のホームページであったり、大学など所属機関のホームペー

ジ、学会のホームページなどです。積極的な人は、論説などもホームページで公開しています。そういうものを参考にして候補者を選ぶのも一つの方法ですが、難点は人柄が判らない、というところでしょう。

となると、他のNPOに聞いてみるか、知っている人を探すか。あるいは、どんな人か、長くお付き合いしたい人か、最初は講演会か何かで呼んで値踏みするのも良いでしょう。「講演料って相場があるの？」という質問が出そうですが、市民運動やNPOであれば、2時間ぐらいの拘束で1～2万円程度でかまいません。売れっ子はこの金額では無理ですが、NPOに理解のある専門家であれば、このぐらいの「形だけ」でも、やってきます。こない専門家は、NPOと付き合う気がないと判断してかまいません。それじゃあ申し訳ない、と思うのであれば、その後に懇親会を開いて御馳走すれば充分です。

事前の情報収集では、その人の書いたものは必ず目を通しておくことです。論文や書籍のタイトルだけで判断してはいけません。書籍も論文も、図書館や書店で見られますし、どこの図書館にあるか検索もできます。最近は地域貢献の一環として、大学でも図書館を市民に開放しているところが増えていますから、それを利用すると良いでしょう。国立国会図書館も会員登録すると、全国どこにでもコピー送付をしてくれるサービスがあります（有料）。

あるいは、ほとんどの大学で、学生が情報交換用のインターネット掲示板を作っています。Googleなどで「○○大学2ちゃんねる」などという名前で検索すると見当たりますし、全国的に大学の授業の情報交換を行なっているホームページもあります。こういうのも参考になるかもしれません。が、ほとんどが「楽に単位が取れるか」という判断基準で書かれていますから、そのあたりは割引いて見てください。

ただ、専門家への丸投げは駄目です。あくまで助言とか御意見番、教師、協働者の役を求めるのであって、専門家にイニシアチブを委ねてしまうのは、長期的に見るとNPOの成長を阻害します。

私の知り合いの再開発コンサルタントが、あるNPOから相談を受けました。そのNPOの地元自治体で住民参加まちづくりの委託が出る、余所者に

取らせたくないのだが、あいにく自分たちの専門外。だから 5% の事務費だけもらうから、あとは全てやってくれないか、という話です。

その再開発コンサルタントは酸いも甘いも噛み分けた人でしたから、そういう丸投げは契約上の問題もあるし、NPO が地域での信用をなくす、必要なことは教えるから自分たちで取り組むように、と諭したそうです。その町で長期的にまちづくりを行ないたいのであれば、このコンサルタントのいうとおりではないでしょうか。

（4） 批判のないところに進歩なし

「大学の先生を呼ぶと、仰ることで耳が痛いので……」と敬遠する NPO があるようです。が、これはどうでしょうか。

誉めてもらうのは嬉しくて、批判されると不快なのは人間として自然です。しかし、冷静に考えてみれば判ることですが、誉められれば現状に満足するか、せいぜい「よし、この調子で頑張ろう」と思うぐらいです。ですが、批判があれば、それを克服しようとするでしょう（がっかりして意気消沈、もう止めた……という反応は個人ではあっても、NPO のような組織では全員がそう感じるとはかぎりません）。

批判のないところに進歩はありません。「子どもは叱るな、誉めて育てろ」ともいいますが、これは子どもだからで、NPO をやっている大人にはあてはまりません。批判してくれる人のほうがありがたい存在なのです。特に研究者の場合は、体系立てて問題を切り分けて批判してくれることが期待できます。そういう見かたをすると、改善点を見つけやすいのです。

もちろん、個人差はあって、子どもを指導するように、誉めながら「ここを○○すれば、もっと良くなりますよ」といういいかたをする人もいるでしょうし、ストレートに辛口で突っ込んでくる人もいるでしょう。あるいは、批判のための批判しかできない人もいます。「誉めながら」の人であれば、誉め言葉に溺れずに、アドバイスを汲み取ることが重要です。辛口の攻撃は、受け止めて分析することです。批判のための批判は聞き流して、次から呼ばなくても良いでしょう。大学の教員には、この最後のタイプが少なくないのですが……。

大学の教員が日頃携わっている研究の世界は、批判しあうのが当たり前になっています。そのため、相手の感情も考えずにズケズケとした物言いをする人がいます。社会性が身に付いていれば、TPOを弁えて、学会でのコメントとは違う、柔らかい評論をするのでしょうが、そこまではなかなか期待できません。

　また、往々にして、辛口なコメントのほうが正鵠を射ているものです。数年前の激辛ブームではありませんが、批判はありがたいものだと思ってください。「批判」は、決して「非難」ではないのです。

（5）　身近な専門家を助っ人に

　大学の先生のような研究者で、その分野に深い知見を持った専門家以外に、資格で仕事をしているような身近な専門家もNPOには重要です。(7)で紹介する税理士もそうですし、行政書士とか建築士なども、市民運動やNPOには強力な助っ人になってくれます。

　新潟県の小国町は合併で長岡市になりましたが、そこに森光という集落があります。この集落では農事組合法人を作り、おいしい米や沢庵などを通信販売で売ったり、地元の大学や酒蔵と共同で日本酒を造って販売したりして、むらおこしで頑張っています。さまざまな補助金も受け入れていますし、作業用の建物も作っているのですが、そうした手続きやアイデアを実行するのは、地元の建築士で行政書士でもある小島康市さんです（森光のホームページは、http://www.morimitsu.net/ です）。

　行政関係をはじめ、手続きというのは面倒なものです。書類を出すにしても、その書類の調製も知らなければとまどいます。それ以前に、どういうことはどこで手続きすればいいのか、なかなか判らないものです。行政書士は、行政に出す書類を作るプロですから、書類が書けるのは当然ですし、どの手続きはどの役所、ということも知っています。

　あるいは、建物関係なら建築士というように、それぞれの職能に応じた知識を持っているのが専門家ですから、何でも自分たちでやろうとするよりも「餅は餅屋」のほうが効率的なこともあります。

　ただ、ここで例に出した行政書士にせよ建築士にせよ、その能力や意欲は

ピンからキリまでというのも事実です。私は自治体職員時代に建築確認の窓口に座っていましたので、何百人という建築士を応対しましたが、どうやって資格試験に合格したのか不思議な、唖然とするような建築士もいました。

残念ですが、専門外の人間には、こればかりはなかなか見抜けないと思います。大学教員の選びかたと一緒ですが、確実な筋から紹介してもらうか、トライ・アンド・エラーで、会ってみて、話をしてみて、いろいろ聞き出して、任せられるかどうかを判断するしかないでしょう。

（6） オタクも専門家

大学の先生、身近な専門家の次は、オタクを活用することを考えましょう。

オタクという言葉が特定の人々を指すようになったきっかけについては二つの説があります。そもそも、コミックのヘビーなファンなどマニアックな人が2人称で相手のことを「オタク」といっていました。それを受けて、1982年から放映されたSFアニメ「超時空要塞マクロス」で、そういうマニアックな人を呼んで使われていたのが始まりだという説と、『漫画ブリッコ』という雑誌の1983年6月号から連載されたコラムで中森明夫さんが、そういう人たちを指して使用したという説があるようです。

語源はともかく、その後、アニメや漫画、ゲーム、アイドルなどをマニアックに追いかける人全般に使われるようになりました。酒鬼薔薇事件などで社会性が欠如しているかのように批判された時期もありますが、その後、さまざまな分野で「のめり込むように愛好・追求する人」を広くオタクと呼ぶようになっているようです。

ある意味では、研究者はすべからくオタクであり、その違いは、知見などが学問的に体系立っているか、肉体化しているかぐらいの相対的な差に過ぎません。研究者サイドからは「愚者は経験に学び、賢者は歴史に学ぶ。オタクと研究者もそのぐらい違う」と抗議されそうですが、NPO側にとっては、研究者からではなく、オタクから手に入れられるものもあるでしょう。

たとえばパソコンオタクにパソコンを見繕ってもらうなどというのは、すぐにでも可能でしょう。バザーやイベントのときに、料理オタクに珍しい料

理を紹介してもらうとか、映画オタクに見所のある作品を教えてもらうとか、素人が集まってウンウン考えるだけよりも、面白いアイデアがえられるでしょう。

　ただし、前節でも注意しましたが、最後に決めるのは、あくまでもNPOの側です。オタクにせよ専門家にせよ、いわれたことを鵜呑みにするのは危険です。

　研究者を含むオタクの欠点は、コスト意識がないというか、バランス感覚が一般人とずれていることです。常に最高級品を手に入れたがるのは、個人の趣味であれば勝手ですが、持続することに意味のある組織にとっては、導入効果を見極める必要があります。たとえばパソコンをオタクに選んでもらうと、不必要に過剰な性能のパソコンを勧めることがありますが、そんなパソコンを入れても、使いこなせないうちに陳腐化するのは目に見えています。

　ある中小企業は、経理などをOA化するにあたり、パソコンに詳しい社員に計画を立てさせ、会計ソフトなどの選定も彼に任せました。その社員が勤めている間は、判らないことがあれば彼に尋ねればすんだのですが、このパソコンオタクが辞めてしまったため、OAシステムのメンテナンスができなくなったそうです。その社員が、当人にしか判らないようなシステム構築をしていたらしいのです。結局、ウィンドウズで動く会計ソフトなどのパッケージを買ってきて、ほとんど総入れ替えになってしまったとか。

　また、オタクは興味のあることには熱心ですが、それ以外の分野には全く不熱心です。タネで呼べば、安く、場合によっては無料でも喜々として相談に乗ってくれますが、話が変わると、途端に興味を失ってソワソワし、言動も無責任になる人も少なくありません。研究者も含めたオタクと付き合うときには、「この人にお願いするのはどこまでか」をはっきりさせるなど、その専門的知見を活かす範囲について注意が必要です。

(7) NPOの運営にも専門家の支援がある

　なお、NPOのミッション遂行に関して外部の専門家に頼るということ以外に、NPOの運営についても外部の専門家を呼ぶということができます。

NPOにとっての運営手法、つまりマネジメントは重要であるし、そのマネジメントは多くの課題を抱えていて、営利企業よりも難しいということは何度も繰り返しました。そのため、NPOのマネジメントを支援するMSO（Management Support Organization）という組織がありますし、たとえば、有名な「人と組織と地球のための国際研究所」は『NPOマネジメント』という隔月刊を出しています。

　こうしたNPO支援専門のNPOもありますし、前述の新潟県旧小国町の建築士・行政書士のような身近な専門家として、税理士という存在もあります。税理士には、税務行政OBで資格を取った人たちはともかくとして、若くて社会意識の高い人も少なくありません。そういう意識ある税理士さんにとって、NPOは新しいテーマであり、顧客層でもあります。私の周囲にも、日本NPO学会などに積極的に参加している税理士さんや、大学院に入り直してNPOを研究テーマとしている税理士さんがいます。そういう人を呼べれば、日頃の会計処理だけでなく、頭の痛いNPO法上の本来事業・その他の事業と、法人税法上の公益事業・収益事業という区分の問題をどう切り抜けるかなど、いろいろと相談に乗ってくれるはずです。

　ただ、そういう税理士さんは口コミで探すのが確実です。各地の税理士会などで紹介してくれますが、そういう紹介はあてになりません。私も会社を作った当初、頼める税理士が見当たらず、地域の税理士会に頼んで紹介してもらったのですが、全く役に立ちませんでした。結局、知り合いの伝手で、私の会社にふさわしい税理士さんを紹介してもらい、今日まで10年以上のお付き合いです（余談ですが、この税理士さんもNPOに興味があり、さるところでNPO税制についての調査に参加したそうです）。

（8）　専門家はトップには向かない

　なお、専門家をNPOの代表に据えるのは、よく考えてからのほうが無難です。リーダーシップ論の大沢武志さんも次のように書いています。

　「専門家というのは取締役にしないで、そちらの方の権威者として遇する方がよい」と言うのが小林庄一郎（当時、関西電力社長）であり、「大変秀

才で自説を少しも曲げない人、自説ばかりに固執する人はダメ」というのがその理由である。……専門家としての能力と経営を預かる能力とはよく見極めて人事に当たるべきであろう。

(大沢武志［2004］『経営者の条件』岩波新書 p. 99)

　自分の専門分野には詳しくても、他の分野には暗いのが専門家の常です。知らなければ黙っていてくれればいいのですが、自分の専門分野から見た判断をしたがる。それが当たればともかく、往々にして的外れなものです。かつ、自説に固執し議論が長くなり、決断が遅れます。私の知っているまちづくり系の市民運動団体でも、代表と副代表が学究肌で、会議を開くと二人の議論が長く、ほかのスタッフが白けることがあります。
　もちろん、専門家でもアイ型ではなく、ティー型で、広く目配りの効く人もいます。また企業の研究所はチームで研究していますし、大学の教員も研究プロジェクトを統括する立場にあることもありますから、そういう人たちはチームリーダーの経験があります。が、第1節でも書いたように、上下関係がある職場と違い、NPOの場合、多少の力関係があるにしても、スタッフは基本的に平等です。そういう組織のトップに専門家がふさわしいかどうかは、専門家であるということではなく、その個人の性格や知見に大きく左右されます。くれぐれも「大学の先生だから」などという理由でリーダーに選ばないよう、気を付けてください。

(9)　企業 OB を雇う

　本章の最後に、企業や行政のサラリーマンだった人を仲間に入れることを考えてみましょう。
　ボランティアや市民運動に携わるのは、子育てを終えた主婦と定年退職者が多い、というのが通説です。実際には、自営の専門家もいますし、サラリーマンが夜や週末に汗を流している姿も、よく見かけます。
　ただ最近の話題として、NPOのスタッフとして期待されている「人種」として、企業などを辞めた人たちが想定されています。人々が長生きするようになり、60才で企業を定年になっても、まだまだ元気に働ける。ならば

NPOで社会貢献を。あるいは、長引く不景気で企業をリストラされた人々の雇用の受け皿としてNPOを期待するふしもあります。一時は、緊急雇用対策としてNPOが失業者を雇ったら、その人に支払う給料の一部を補助金でもらえたこともあります。

　ただ、一方で、企業あるいは役所などの「大組織」とNPOの違いを理解できず、お互いに不幸な結果に終わる、ミスマッチも起きています。

　大リストラ時代の笑い話に、こういう話がありました。職業紹介所の窓口にやってきた、偉そうなおじさん。担当者に「何ができますか？」と尋ねられ、「部長ならできる」と答えた……。

　これに類した話をNPOの現場で聞くことがあります。名古屋でパートナーシップセンターを切り盛りしている岸田眞代さんに聞いた話では、彼女のところでも企業で部長さんぐらいまで勤めた人を雇ってみたことがあるのだそうです。最初に「企業とNPOは違います。お給料も安いですから」と散々念押しし、本人も判ったということで働いてもらったものの、数ヶ月で辞めてしまった。辞める時に、「こんな待遇では嫌だ。管理職として遇して欲しいし、給料もそれなりじゃないと」ということをおっしゃったとか。

　実は、似たような話はNPOが盛んになる前から、あちらこちらで起きていました。同じ企業でも、大企業から中小企業へ移った場合や、天下りといわれる人たちも、役所と企業の組織文化の違いに馴染めずにミスマッチ現象を起こしています。

　あるいは、前衛劇で有名だった寺山修司さんの劇団「天井桟敷」で、元企業経営者を雇ったことがあるそうです。「時代はサーカスの象に乗って」という劇をいかにロングランさせるかという会議の時に、その元経営者が、はとバスツアーにこの劇の観劇を組み込むという企画を出し、実現させました。が、劇が好きで見に来ているのでもない客を相手に、毎日同じ演劇を延々と続けることになって、劇団員は覇気を失い、「演劇で可能性を追求しなければならない、惰性の芝居なんかやりたくない」と止めることになりました（九條今日子［1985］『不思議な国のムッシュウ　素顔の寺山修司』主婦と生活社　pp. 208-212）。

　このエピソードは、前衛劇団という組織のミッションを理解できなかった

企業OBによるミスマッチともいえます。もっとも、このはとバスの観客が劇場にやってくるということがきっかけとなって、天井桟敷は劇団が街へ出ていく、市街劇へと展開していくことになりますから、さすが天才は違うのですが。

とはいえ、企業退職者はまだまだ元気な熟年層ですし、企業や行政で身に付けたノウハウを持っているのですから、なにか上手く活かす方法はありそうなものです。ミスマッチを防いでお互いにハッピーに働く方法を考えてみましょう。ポイントは三つです。

1) 企業とは全く違う世界であることを認識してもらう
2) 新入りとして入ってもらう
3) 奥さんも一緒に

NPOのOは組織(Organization)の頭文字、ということは何度も書きました。しかし、企業や役所とNPOは組織の中身が全く異なります。トップとスタッフがいるといっても、そこに会社の上司・部下のような関係はありません。会則や定款があるといっても、就業規程や業務マニュアルはありません。

それがNPOの自由さなのですが、固い組織に永年勤めていた人から見ると、好い加減で無責任に見えることもあります。ですから、企業OBからすれば、NPOのほうが変な世界であり、なじみにくいのです。前記の名古屋の部長さんのように、説明を受けても、いざ現場に入ってみると、ついていけなくなるのです。

また、天下りではないのですから、それ相応の年齢と経験があっても、こうした異次元の世界では新入生のような存在です。全て、これから学んでもらわなければなりません。

これらが、上記の1)と2)の問題です。ならば、どうすれば良いのか。理想は、そういうことを事前にガイダンスできる体制です。が、これは草の根NPOには難しいでしょう。本当は、自らのミッションや業務を相手に伝え

ることは何よりも重要ですから、できなければ困るのですが……。

　セカンドベストとして考えられるのは、各地のNPOサポートセンターで、そういう人向けの講習会を開いていれば受講してもらうということです。が、サポートセンターがそういうセミナーをやっているとは限りません。やっていても、雇おうというときに開講しているかどうかという、タイミングの問題もあります。さらに、サポートセンターなどでNPOの一般論を教えても、個別具体のNPOとは合っていないこともあるでしょう。

　ならばどうするか。簡単です。企業なども行なっているように試験採用で、しばらくお互いの様子を見るのです。

　ただし試験採用といっても、企業などのように、事実上正社員と同じ仕事をさせて、試験期間に不祥事がなければ自動的に正式採用する、という制度を取り入れるのではありません。NPOの現場を何度か見学・経験してもらい、雰囲気を知った上で、試しに何かのアシスタントをやってもらって、それでお互いに大丈夫かどうか見極めるのです。たとえば毎月の理事会に何度かオブザーバー参加をしてもらう。イベントの手伝いでも良いですし、ボランティアの人たちと汗をかいてもらうのでも良いでしょう。

　3番目の「奥さんを介する」というのは、一般的にボランティア団体やNPOは、女性の参加が多い。それを活かすのです。

　大阪の豊中市には芦田英機さんという助役がいます。市民活動支援の世界では有名な人です。率先して市民活動を支援する政策を推し進めた人なのですが、駄洒落ばかり飛ばすのでも有名です。たとえば市民活動を支援すると、行政に帰ってくるものがある。「シエーン、カムバーック」だから、だとか。

　あるパネルディスカッションで、彼はこの調子で喋っていたのですが、市民活動は主婦が中心、やがて、その夫たる男性も連れられてくるが、なかなか参加できない、という話になった時に、突然、壇上で靴を脱ぎ、その靴を掲げて「妻、先に行かず、カカと一緒に（ツマサキに行かず、カカト一緒に）」とツマサキとカカトを指さしたために場内が爆笑したことがあります。

　カカと一緒に参加してもらうことで、女性が多い雰囲気にも馴染みやすくなりますし、奥さんの手前、変なことは言い出しにくいですし、何か場にそ

ぐわないことを口にしたり行動した場合も、奥さんから注意してもらえます。

　自由な集まりとはいえ、NPOも組織ですから、ルールを作って守ることも必要です。そういう場合には、企業OBの経験が役立つでしょう。また、企業や行政とのコネクション、そうした業界の情報など、企業OBはさまざまなノウハウを身に付けています。そうした人を雇うNPOが、それを活かせるかどうか。それは受け入れるNPO次第です。企業経験者が理解し馴染めるようなNPOになれば、そうした人々への支援と参加も呼びかけやすくなります。

III　運営の戦略

1　戦略の考えかた

(1)　NPOの運営資源

　NPOに携わっている人たちの中には、悪い癖を持つ人がいます。「自分たちは世のため人のために働いているんだから、判ってもらえるはず」という思いこみです。世間の価値観は多様です。自分たちが良いと思っていても、他人も良いと思うとは限りませんし、下手に押しつけると受け入れてもらえないどころか、反撥されてしまうこともあります。良いことでも、相手を考え、費用対効果を考えなければ組織として続けられません。一過性の運動なら、それでも良いのですが、続けるためのNPOです。頭を使って、つまり戦略的に考えて事業を行ないましょう。

　この章では、草の根NPOの運営戦略を考えます。本来の軍事用語としての戦略は敵を想定してのことで、戦略のポイントは「相手がいること」です。NPOが求められる意思決定も行動も相手があります。

　企業の場合は、市場参入のエントリー戦略、市場への定着戦略、成長戦略があり、成長の段階に応じてさらに戦略が変わっていきます。NPOの場合、企業のような成長戦略まで必要かどうかは微妙で、成長戦略を考えるような規模になった時は、アメリカ流のNPOマネジメントの本を読めば良いのではないでしょうか。

　草の根NPOで考えなければならないのは、エントリー戦略と定着戦略です。特にエントリーで、知られた存在になる、ある程度の元手を確保する、の2点が重要です。さらに、地域社会に認められた存在になり（信用を築

く)、運営資源を確実に確保できるようになると定着段階になります(こうしたNPOの戦略として論じた本としては、田尾雅夫[1999]『ボランタリー組織の経営管理』(有斐閣)があります)。

　企業の経営資源は、ヒト、モノ、カネの三つというのが古典的な説です。最近はこれに情報を加える人も多いのですが、草の根NPOにとっては、情報は運営のための資源とはいいづらいです。つまり、ヒト、モノ、カネを資源として、それらから商品(サービスも含む)が生み出されますが、情報から何かを生み出すのは、草の根NPOでは難しいのです。草の根NPOが仕入れられる情報は、今日のインターネット社会では、ほとんど無料で探し出せる程度のものであり、そこに付加価値を加えて対価を取れるだけのものに加工できるとは考えにくいのです。

　ただし、ヒト、モノ、カネに関する情報は重要ですから、インターネットをはじめ情報収集を常に心がけることは必要です。

　草の根NPOの場合、資源は基本的に会員に依存することになります。したがって会員をいかに増やすかがポイントになります。

　草の根NPO運営の戦略を考える上での相手は、会員と潜在的な会員のいる地域社会です。考えなければならないのは、「いかに地域での存在感を強め、会員をはじめとする支持層を広げるか」ということです。

(2)　SWOT分析で考える

　企業にせよNPOにせよ、必要とする資源が潤沢であれば何でもできるでしょう。しかし近代経済学が稀少資源の最適配分を考える学問だといわれるように、現代の資本主義社会では、ヒトにせよ、モノにせよ、カネにせよ、それらは稀少であって、ジャブジャブと湯水のように費やすことは不可能です。

　そのため、資源を効率的に使って効果を上げるために、資源を投下する分野や製品を絞り込む必要があります。それがよく耳にする経営学でいう「選択と集中」です。資源を投下する商品を「選択」し、それに「集中」するということです。

　では何を基準に選択するのか。トップの好みとか、営業マンの直感では駄

目です。あるいは、企業の内部で強い分野、弱い分野は当然考えなければなりませんが、「うちは伝統的に、この分野に強いんだ」というだけでも駄目です。組織を取り巻く環境を考えなければなりません。顧客がいるかどうか、また競争相手はどうなのかといったことです。一言でいえば「マーケット」です。マーケットという外部環境でチャンスがある分野と、他社が強くて脅威となっている分野があるでしょう。

　この内部要因の二つと外部要因の二つをマトリックスにして考えるのが、SWOT分析です。内部の2要因、強み(Strength)、弱み(Weakness)と、外部の2要因、機会(Opportunity)、脅威(Threat)を縦横にとって、強み・機会のハコに入る部分を最重要視し、弱み・脅威の箱に入るものは考え直す、という分析です（図表3－1）。

		内部環境	
		強み (Strength)	弱み (Weakness)
外部環境	機会 (Opportunity)	積極的に展開	差別化で機会を生かせるか？
	脅威 (Threat)	強みを生かして対抗？	撤退？

図表3－1　SWOT分析の例

　もちろん、そのためには内部の強み・弱みを判っている必要がありますし、マーケットなどの情報をしっかりと把握しておかなければなりません。また、強み・弱みというのは何をもって分けるのかは微妙な判断ですし、機会と脅威というのも裏腹なことです。

　問題は、NPOの場合、そう単純にSWOTという分類で話を進められないことです。というのは、本来行なうべきであるミッションに即した仕事だけで続けていけるところは良いのですが、そういうNPOは少ないでしょう。本来事業だけでは組織を維持できず、附帯的な収益事業も行なわなければなりません。この場合にどういうバランスを取るべきなのかは、SWOT分析だけでは見えてきません。

（3） MEマトリクスで考える

　島田恒さんはこの問題を、SWOTと同じように、2×2のマトリックスで考える「MEマトリックス」を提唱しています。つまり、縦軸にミッションを、横軸に経済を、それぞれの尺度で見て高い・低いで4区分し、NPOの抱える事業が、どこに入るかを考えるというものです（図表3-2）。

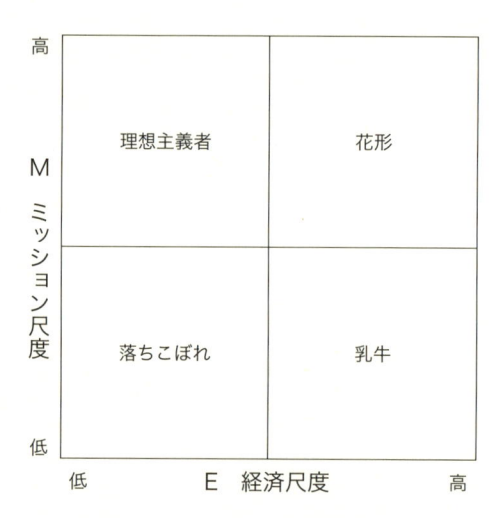

	低　E　経済尺度　高
高　M　ミッション尺度　**低**	理想主義者 ／ 花形 ／ 落ちこぼれ ／ 乳牛

図表3-2　「ミッション―経済」(ME)マトリクス（島田恒［2005］『NPOという生き方』PHP新書 p. 161）

　もちろん、図表3-2でいえば、ミッションとしても重要で経済的にも高収益な「花形」が良いのでしょうが、当然ながら、この分野は競争相手も多いでしょう。次に大切にすべきはミッション度は高いけど収益にならない「理想主義者」。本来、NPOが担うことを期待されているのはこの分野でしょう。ですが、ここを続けるためには、右下の「乳牛」部分も行なわないと維持できません。

　「落ちこぼれ」は切り捨てるべきである、ということは一目瞭然なのですが、往々にして、しがらみやこだわりで、ここを引きずっているNPOを見かけます。

　時々はNPOで行なっているプロジェクトを並べてみて、こういうMEマ

トリクスに入れてみると良いでしょう。最低でも年度に1度はやってみて、プロジェクトの見直しを図る。理事会などでワークショップ形式で楽しく行なうことで、各プロジェクトの担当者の個人的な評価と組織としての評価のずれを明確にでき、中止するにしても挫折感を抱かずにすみます。また、そういう機会に担当者はプレゼンテーションを行なうようにすれば、プレゼン能力のアップにもつながるでしょう。

　ただし、MEマトリクスで考えて、「花形」や「理想主義者」であれば、それらの事業を推進すればいいのかというと、必ずしもそうではありません。草の根NPOの場合、人的資源も資金力も限られていますから、優先順位を付けて取り組まないと虻蜂取らずになるでしょう。そこで浮かび上がってくる事業の中から、何を優先するかは、SWOT分析などによって絞り込む必要があります。

（4）　NPOの資金調達

　NPOが必要とする資源のうち、もっとも深刻なのがカネの問題です。これは他の国でも同じような状況のようです。たとえばアメリカにはNPO業界新聞がありますが、その広告欄は「有能な資金調達者（ファンド・レイザー）求む」という募集が並んでいます。

　営利企業の場合は、設立時に出資者を募り、また株式市場を通しての増資と、売上からの内部留保によって資金調達を行ないます。NPOの場合は、そうはいきません。一般にNPOの資金調達（ファンド・レイジング）は以下のような財源から構成されます。

1) 会費収入
2) 事業収入
3) 寄付金
4) 補助金・助成金
5) 委託費

　この並び順には意味があります。1)に近づくほうが、収入を上げるのが

より困難であるものの使途の自由度が高く、5)に近づくほうが、楽に入金できるが使途の自由度が低いのです。

●会費

　会員やサポーターによる会費は、勧誘しなければ入金されません。NPOの使命を理解してくれて入会してくれるという人材を探すのは、なかなか困難なものです。ですが、この会費はNPOの維持運営の何に使うのも自由です。もっとも、トップの飲み食いに費やすなどは論外です。飲み食いに使ったなどと知られれば支持を失います。隠そうにも、NPOは情報を公開する義務がありますから、自ずと知られてしまいます。

●事業収入

　事業収入も、努力しなければ収益は上がらないものの、その収入の使途は自由です。事業収入の課題は、税法上の収益事業33業種に該当すると課税対象になるという点です。そのため、できるだけNPOの本来の公益事業の中で、収入を上げていく必要があります。組織として継続的に事業を行なうためには、分野によっては営利企業と同等の戦略を持たないと売上につながりません。市民感覚だけでなく、プロフェッショナルなマーケティングを行なうことが必要です。

●寄付金

　寄付金は、継続的関係ではなく一度きりだから気楽といわれることもあります。しかし、会費のように対価がない一方的な支出であるため、会員よりも募集は困難とされています。

　寄付金は二つに分けられます。「おたくの会に寄付するわ」ともらえる使途を限定しない一般寄付と、「○○事業のために使ってね」と使途を定めた指定寄付です。前者については会費や事業の収入と同じく使途の自由度は高いのですが、後者は、指定された使途に費やさなければなりません。ある程度大きな金額で、複数年度にわたって継続することが見込まれる場合は、一般会計から分けて特別会計とすることも必要になってきます。

ただし一般寄付にしても全く使途が自由ということではなく、そのNPOの使命に共鳴して渡される性格のものである以上、組織の運営的な一般管理費ではなく、本来事業に使わなければ、モラルを問われかねません。会費の場合は、会費に対する会員サービスなどの対価がある場合が多いし、組織の維持運営を望んで会員となるのですから、この問題は発生しにくいといわれています。が、これも限度問題です。私も関わっているNPOで、懇親会の酒席を開いたところ赤字が出ました。会費から赤字を補填しようという意見も出ましたが、懇親会に参加しなかった会員が賛同してくれるでしょうか。こういうケースは、その酒席に参加した人たちで出すべきでしょう（結論はそうなりました）。

　制度趣旨からいえば、寄付金収入に大きく頼っているNPOは認定NPO法人や特定公益増進法人になることで、寄付した側が税制優遇が受けられるようになり、寄付を集めやすくなるはずです。認定NPO法人の数が全NPO法人数の0.2％にも満たないというのが現状で（2005年末現在）、草の根NPOにとっては狭き門でした。が、従来は1万円以上のみ所得控除になった個人寄付の金額が、2006年から5千円以上に引き下げられました。統計上、日本の1世帯あたりの年間寄付金額は約3千円といわれているので、少し身近な制度になってきたのではないでしょうか。おそらく今後も公益法人制度改革の中で改正されるはずです、

　寄付についても、ミッション（使命）を判りやすく、また共鳴してもらえるように効果的にPRするとか、イベントと組み合わせて寄付をしやすくするなど、工夫が必要でしょう。

●補助金・助成金

　行政からの補助金や財団などからの助成金は、極端にいえば書類を1枚書きさえすれば受けることができます。その意味では手に入れやすい資金ですが、その使途は限られています。補助金・助成金の多くは、設立時や何らかの事業の立ち上げ時に必要な費用を申請し、その中で補助・助成に値すると審査された部分のみが対象ですし、総必要経費に対して何分の1までとか、上限金額が決まっています。

原則として、申請した事業以外に流用はできませんから、裁量の余地はありません。

● 委託費

　委託費は、何らかの事業を行政などから委託を受けて行なう際に必要な経費を受け取るものです。したがって、その委託費を目的外の使途に流用することは契約違反に問われかねません。

　この2、3年、NPO業界では、自治体の所有する公民館や美術館などの公共施設の管理を民間団体に委託する、指定管理者制度が話題になっています。当たり前の話ですが、公共施設の管理委託を受託したとして、そこで支払われる委託費は公共施設の管理のためであり、そのNPOの他の用途に流用してはいけません。

　補助金や助成金、委託費を受け、その中で「創意工夫」して経費を削減し、差額をNPOの運営経費に流用するという話を聞きます。入手しやすい資金を手にして、その一部を自由に使うというやりかたは魅力的に見えるのかもしれません。しかし、そういう使いかたは、契約違反の可能性があることを忘れないでください。

● 借り入れと債券発行

　なお、資金調達には借り入れという方法もあります。従来、NPOには金融機関からの借り入れは難しいものでした。これは、金融機関の多くが融資するさいに、相手方の担保能力など経済的な信用に応じて貸し出していたため（コーポレート・ファイナンスといいます）、新参者で不動産などの資産を所有していないNPOでは信用されなかったからです。

　しかし近年は、事業の採算性をチェックして融資する方式が増えてきたことと（プロジェクト・ファイナンスといいます）、NPOそのものが知られるようになってきたことから、労働金庫系のNPO事業支援ローンなどの融資システムが登場してきました。また各地で、NPOなど市民運動に融資するための金融機関、コミュニティ・バンクも作られるようになってきました。

　ただし、これらはNPOだから融資するのではなく、あくまでも事業計画

の中身を厳しく審査して返済能力を確認するものです。融資する側の視線は中小企業やベンチャービジネス相手のときと変わるものではなく、NPO 側の事業計画の立案能力、提案能力が問われます。

　一方、NPO が、会員などを対象に債券を発行して資金調達を行なう事例も見られます。新潟県三条市の NPO 法人、地域たすけあいネットワークでは、デイケア施設用に不動産を取得するのに、会員から 1 口 50 万円で借り入れを行ない、総額 2500 万円を集めて目的を達しています。大口の申し出もあったそうですが、大口借り入れは行ないませんでした。その理由は、少数から大きく借りるよりも、多くの会員から広く薄く集めたい、ということと、必要金額以上に集める必要はないから、とのことでした。

　教科書的にいうと、こうした多様な財源のどれか一つに頼らず、財源を組み合わせることが安定した資金調達につながります。が、草の根 NPO の場合は、なんといっても会員からの会費が第一です。会員を増やすことは、収入源ということ以上に、NPO の存在が広く受け入れられている、期待されている、ということの証明につながるからです。また会員はスタッフやボランティアの予備軍でもあります。では、具体的に会費はどのぐらいに設定すれば良いのかは、ケースバイケースですが、次の節で少し考えてみましょう。

2　会員を増やすには

（1）　フォスター・ペアレントのユニークな方法

　NPO の運営上、もっとも大切なのは会員です。会費は安定した活動資金源ですし、スタッフやボランティアも基本的には会員から生まれます。

　もちろん、親類縁者・友人知人で「今年もよろしく」と頭を下げれば継続的に支援してくれる固定層もあるでしょう。ですが、そこだけに頼っていては趣味のサークルと変わりません。会員制にバリエーションを持たせるなど、試しに入ってみようかと思わせる工夫や、試しに入ってくれる人を継続的サポーターにつなぎとめる工夫が求められます。

　「フォスター・ペアレント」という言葉を聞いたことがあるでしょう。（財）

フォスター・プラン協会の会員になって、発展途上国の恵まれない子どもと疑似養子縁組する、という制度です。このフォスター・ペアレント会費は月に5千円で、年額にすれば6万円です。決して安いとはいえない会費ですが、日本国内でも約5万人のフォスター・ペアレントが存在しています。これは、その金額に見合う満足があると感じさせるだけの事業を行なっているということです。

実は、フォスター・ペアレントという制度は、本当は養子縁組ではありません。会費は、発展途上国の開発に使われます。たとえば小学校を建設するとか、上下水道を作るとか、そういった事業です。この制度のポイントは、たとえば小学校が建った場合、村の子どもから会員の一人一人に宛てて、「日本のお父さんお母さん、ありがとう。おかげで小学校ができて、毎日勉強できるようになりました」という手紙が届くのです。

これがもし、ストレートに「世界の恵まれない地域を応援しましょう、現地からお礼の手紙が届きます」という仕組みだったら、約5万人が年間6万円も払うかどうか。ユニークで上手な会員集めではないでしょうか。

もっとも、近年の不況下で、月3千円、4千円というコースを新たに設けるという工夫を行なっています。また月1千円の寄付で同会を支えるマンスリー・サポーターという制度もあり、同会の事業に関心がある層にとって、それぞれの経済力に応じた参加ができるシステムとなっています（ただし、援助月額が3千円、4千円、5千円と違うと受け取るものが変わる、ということはないそうです。あくまでも寄付として任意の金額を出してもらいたいという趣旨なのだそうです）。

（2） 会員制度に選択肢を増やす

このように、NPOへの関心の違いに応じて、会員制度に差をつけることを、経営学では「マーケットのセグメント化」と呼びます。つまり、いつでもどこでも誰にでも同じ商品を売るのではなく、さまざまな条件に応じて商品を変えるのです。

NPOの会員制度によく見られるのは、「正会員」と「賛助会員」に分けて、前者をNPO法上の社員にして組織の所有者としての権利能力を持たせ、後

者はサポーターというような位置付けにすることです。ここまでは、どこでもある工夫です。これをさらに分けようか、というとき、問題は、それぞれの会員種別に応じたサービスの差をどうつけるかです。

　あまり複雑な会員種別は混乱を招きます。せいぜい3種類ぐらいでしょう。よく見かけるのは、「インターネット会員」という種別です。会費を安くするかわりに、NPOからの連絡はメールなどインターネット経由のみとします。通信コストが下がる分、会費も安い、という理屈です。

　さて、悩ましいのが会員種別に応じた会費の設定です。たとえば福祉系のNPOで介護サービスが受けられるといった、会費に応じた直接的な対価がはっきりしている場合は、そのサービスに応じた会費設定になりますから、年会費が数万円ということもありえます。数万円の会費に見合ったサービスで満足できます。前記のフォスター・ペアレントも同じく、年に6万円払っても、子どもからの手紙などで満足できる仕組みです。

　ですが、寄付に近い趣旨の会費で成り立っているNPOの場合は、会員が寄付と同じ感覚で出せる金額にせざるをえないでしょう。となると、年に数千円といったところでしょうか。統計調査によると、日本の家庭が1年間に支払う寄付金の平均額が約3千円となっていますから、これが一つの目安になります。法人会員を作る場合は、1桁多くするという事例を多く見かけます。また、1口いくら、という制度にして会員の財布に応じて口数を増やしてもらうというのも考えられます（ただし、NPO法上の社員としての権利行使を口数単位にするのかという問題が発生しますが）。

　もちろん、個々のNPOの活動内容によって、会員種別の設定や、それぞれの会費の決めかたは大きく異なってきます。ポイントとしては、想定される会費の対価、与えられる満足に見合って、やや安いと感じるような金額が狙い目でしょう。一方、賛助会員のような対象に設定する会費の下限としては、NPOの活動を連絡・通信するコストを賄えることでしょう。もちろん、郵送費や印刷代といった直接経費だけでなく、それにかかわる人件費も見込んでおく必要があります。

（3） 顧客を大切に

　なお、新規会員獲得には熱心なのに、従来の会員へのアフターケアが不充分で、「釣った魚に餌をやらない」ということにならないよう気をつける必要があります。NPOの活動に必要なボランティアを募るにしても、新人ばかりでは、その都度一つ一つ指導しなければならず、手間がかかります。リピーターで参加してくれるのは、継続的に会員を続けてくれる人たちです。

　継続してもらうためには、会員として満足してもらわなければなりません。当初約束した会員サービスを遂行するだけでなく、たとえば新たに入会時の特典などを始めるのであれば、従来の会員にも「今度、こういう特典を始めましたので、お使いください」とフォローすべきでしょう。

　会員として満足してもらえるかどうかは、総会員数・入退会者数のデータを見れば一目瞭然です。入会者数が多いのに総会員数が増えないNPOは、それだけ辞めていくのですから、リピーターが少ない、つまり満足度の低いNPOなのです。そうでなくても、草の根NPOの場合、それぞれの地域に密着していますから、会員満足度が低いことは、口コミで広まりやすく組織の死活問題につながりかねません。

3　事業を行なうポイント

（1）　コスト感覚を持つ

　さて、本来事業にしても、バザーやグッズ販売、シンポジウムのようなイベントにしても、漫然と行なったところで効果は上がりません。私の知っているNPOでも、「シンポジウムで黒字になりました」と胸を張っているのですが、シンポジウム当日の収入と支出は黒字ですが、事前のPRの郵送費などを入れると赤字、というところがあります。さらにボランティアの労働を人件費に換算したら悪夢です。

　日本でNPOのマネジメントを支援する組織、MSOとして有名な「人と組織と地球のための国際研究所」代表の川北秀人さんに教わった話なのですが、数年前、あるNGOが某アジア発展途上国支援の一環として、その土地の伝統的な織物で携帯電話カバーを作ってもらって日本国内で売ることを計

画しました。千個という量を発注しましたが、手織物ですから製作に日数がかかります。数ヶ月経って日本に製品が届いたころには、携帯電話の大きさや形が変わってしまっていて、ちっとも売れない。事務所のほか、在庫を保管する場所を確保しなければならず、散々な結果になったとか。

当時は携帯電話も進化中で、大きさや形状もどんどん変わっていました。携帯電話の形態の変化の速さを念頭において納期を決め、そこから発注量を考えるべきだったのです。善意だけで無邪気に突っ走った結果、某国農民の汗の結晶を無駄にしてしまったのです。

企業では、新商品開発や輸入販売のさいには、フィージビリティ・スタディを行ないます。直訳すれば「実現可能性の調査」で、予定しているプロジェクトが採算の採れるものかどうかの予備調査です。

NPOも何かするならフィージビリティ・スタディを、とまでは求めません。しかし「こういうことをやろうよ」「うん、いいね！」では駄目です。どういう結果が予想されるのか、その事業により何が得られるのか（事業に基づく収益や、事業によるPR効果）。一方、それには幾らかかるのか、準備などに必要な人数はどのくらいか。そのぐらいは前もって検討すべきです。

それがミッションに合った本来事業なら赤字になっても仕方ないかもしれませんが、収益事業の場合は赤字になっては意味がありません。手間暇かけるだけ無駄です。草の根NPOの場合、もっとも貴重なのはスタッフ理事たちの時間と労力です。それらを注ぎ込むからには、注ぎ込んだだけの意義か収益がないと、残るのは徒労感だけで、次の活動にマイナスの影響を与えます。

本章で前述したSWOT分析やMEマトリクスで、やろうとしている事業がどのマスに入るのかを検討してみると良いのではないでしょうか。

（２）　サービスの個別化

NPOでクライアントから対価を取るタイプのサービスを行なう場合や、収益事業を行なう場合は、そのサービスも種別を設けると良いでしょう。これは企業で同種の商品に高級品から廉価品までラインナップを揃えるのと同

じです。

　つまり、安いほうの廉価品を見せながら、よりサービスの充実した高級品を買ってもらう、という戦術です。物干し売りが「物干しー、1本500円」と車で放送しながら走るのを、呼び止めて500円のを買おうとする客がいたら、「奥さん、500円のも良いんだけどね、こっちの1本2千円のは、長持ちするし汚れないし、軽くて良いよ」とセールストークするのも同じです。

　製品のラインナップを上手くやっているのが、自動車メーカーでしょう。同じ車種なのに、ベーシック、スポーティー、サルーン……と微妙な違いで価格差があります。「走りゃいい」という客から「峠を攻めたい」とか「客商売なので」というさまざまな客層を囲い込むために、いろいろなグレードを設定しています。そして客のほうは、その微妙なグレード設定に悩んだあげく、当初の予定より一段上のグレードの車を買ってしまいがちです。

　自動車の場合は、それぞれの車種・グレードの差が明確なコストパフォーマンスの違いになっています。これは重要なことで、値付けの違いと中身の違いがはっきりしない設定は問題です。

　私は一時、神道系の新興宗教に出入りしていたことがあります。その教団では、イベントとしてさまざまな祈祷を行ない、お布施を集めるのですが、そのお布施に工夫があります。たとえば「美しくなるための祈祷」だと、「3千円で内面が美しくなる」から始まり、「5千円でチャーミングな美人になる」「1万円で目元輝く美人になる」と続き、たしか「10万円で天照大神になる」（なにせ神道系ですから）が最高だったと記憶しています。商品ラインナップを揃えるという点だけを考えれば、これはこれで正しい戦略ではあります。こうした誘惑に引っかかる人がいることが、怪しい宗教が後を絶たない理由の一つでしょうが。

　このような詐欺的なものはもちろん、ウソも駄目です。通信販売や広告で、ある商品を極端に安値で出しておいて、買いに行くと「あれは売り切れました」と言い抜けるという話を聞くことがありますが（これは虚偽広告という違法行為です）、そういうことを行なうと信用に響きます。地域に根ざして長く事業を続けていかなければならないNPOがやってはいけないこと

です。

　サービスは、安いものから充実したものまで揃える。が、クライアントが安いものを選ぶのは尊重し、その対価に見合ったサービスを行ないましょう。望ましくは、対価以上の満足感を与えることです。そうするとリピーターになってくれますから。

4　助成金応募のポイント

（1）　助成金応募の心得

　資金調達のところで、助成金や委託金は紙切れ1枚で可能だ、と書きました。が、書類1枚書くにしても、頭を使わないとお金に結びつきません。
　NPOの人が助成金や委託費に応募しようとする時に陥りがちな間違いが三つあります。一つ目は自分たちのすばらしさをアピールしようとすること、二つ目が他の応募者と差をつけようと奇をてらうこと、三つ目が情報収集不足です。
　まず、その助成金や委託費の趣旨を、じっくり読んでよく理解し、何が求められているのかを把握することが必要です。求められていることに、いかに自分たちが対応できるか、自分たちがふさわしいかをアピールすることが肝要です。「自分たちはここが素晴らしいんだ！」と訴えても、それが採択の基準に合っていなければ意味はありません。向こうの求めるものを見極めて、それに自分たちの活動を合わせられることを訴えるべきです。
　次に、目立とうというのは考え直す必要があります。囲碁の世界には定石と奇手があるといわれています。奇手は、定石以上の効果が見込めなければ使うものではありません。助成金や委託費のように審査がある時も同じです。目立とうと奇をてらったところで、正々堂々と応募してくる他のNPOに勝てるとはかぎりません。少なくとも申請書類の段階では、求められている記載事項は要項どおりに素直に書くことです。その上で、プレゼンテーションにまで進めば、目立つための多少のアイデアは功を奏することもあります。新潟県村上市で街並み保存を行なっている市民運動団体は、新潟県の助成金に申請し、プレゼンテーションの時に、全員和服で登壇したそうで

す。活動の趣旨とプレゼンテーションとを一致させられるなら、奇策も意味があります。

　最後の情報収集不足は、特に助成金の場合、過去に採択された事例は公表されていることが多いですから、それらに目を通して、傾向と対策を考えておくべきです。公表されていなくても、過去にどういう団体が採択されているかは調べたほうがいいでしょう。また審査員もどういう人たちか調べておきましょう。場合によっては知人がいるかもしれません。「出すからよろしく」と頼むのは問題ですが、「出そうと思うのですが」と相談するぐらいはかまわないでしょう。

　以上のことを一言でいえば、「独りよがりは駄目」ということです。財団にせよ行政にせよ、助成金の財源は貴重なものです。財団は会費の積み立てや遺産贈与による出資金が原資ですし、行政は税金から助成を行ないます。ですから財団も行政も、どんなNPOに助成金を渡したかの説明責任があります。財団の会員や納税者に説明責任を果たすためには、文書での説明が求められます。誰が読んでも「このNPOなら助成する理由があるな」と思わせる書類を作ることが王道なのです。

　財団などの助成金は、いろいろな団体が募集しています。ということは、似たような趣旨の応募に申請書を使い回すことも可能です。そうした応募も情報収集しておくべきです。民間財団の助成情報を集めた(財)助成財団センターのホームページもあります（http://www.jfc.or.jp/）。

（2）〆切は厳守する

　こうした募集は〆切がつきものです。〆切厳守は大前提です。私の知っている、まちづくり系のNPOから、「この助成金、〆切過ぎちゃったけど、これまで何度かもらったし、ウチは有名どころだから、今から出そうと思うが」と相談を受けたことがあります。これは駄目です。だらしなくて甘えた団体と思われるだけで、そういう団体にお金を渡して良いのか、と内容以前の問題になります。

　同じように、求められる申請書は必ず揃えること、求められる記載事項は全て満たすこと、これらも必須です。これらが充分でないと、内容の審査以

前に形式で落ちます。「書類の形式なんてどうでも良いじゃないか」と思ってはいけません。お金をもらうのですから、くれる側のルールに従うのは当然ですし、そのルールに従わない団体は、趣旨にも従わないのではないかと疑われます。

なお、申請書はパソコン必須です。手書きを求められる書類は仕方ありませんが、読みやすさを考えれば、パソコンで作るほうが読み手にとっても読みやすく、字体による好き嫌いを招きません。もちろん誤字脱字はマイナスポイントですから、提出する前に推敲と校正を励行してください。

5　もう一つの「頭を使う」方法

(1) 応対は丁寧に

最後に、戦略的思考とは別に、文字通り「頭を使う」方法もあります。つまり、クライアントやドナー、場合によっては行政や企業にも「頭を下げて」回るのです。時々、「NPOだから」と妙にプライドが高く、頭を下げることを嫌う人がいますが、それは間違いです。やはり、義理や人情もあるのです。

今、商店で買い物をすれば、店員はにこやかに対応してくれ、お金を払えば「ありがとうございました」と最敬礼してくれます。企業にクレームの電話をしても、丁寧に対応してくれます。もちろん、慇懃無礼なマニュアル化された応対もありますが、「お客様は神様です」というのが日本のサービス業の常識です。そういう風潮の中で「市民だから」「NPOだから」頭を下げない、というのは通用しません。

もちろん、寿司屋やラーメン屋でたまにあるように、「頑固職人」を売り物にして頭を下げないという店もありますが、これは少数派です。こうした店は、他の追随を許さないほどの売り物があるのであり、その違いがわかるマニアにのみ理解され受け入れられています。これはこれで経営として一概に否定される手法ではありません。ニッチな市場を確保できているのですから。しかし、NPOが活躍すべき分野でこれが望ましいでしょうか。

私がNPO業界の人と話していて時々感じるのは、「この人、なんやかや

いって、他人に頭を下げるのが嫌なんじゃないの？」という感触です。上手くいっているNPO、評判のNPOのトップの人からそういう感触を受けることは滅多にありません。そういう感じを受けるのは、同好会のようなNPOの人や、NPOの事務局員クラスの人です。そのNPOを成功させようという意識が持てていないのです。

　ハンバーガー屋の価格表に「スマイル0円」と書かれている社会で、「良いことをやっているのだから」「市民運動だから」「NPOだから」といって、ぞんざいな応対はゆるされません。「お願いします」「ありがとうございました」と口にするのは、最初は抵抗があるかもしれませんが、そのうち慣れてくるものです。

　もちろん、ただ愛想良くすれば良いというのではありません。できないこと、駄目なことを断る時には、「駄目です」「すみません」とひたすら謝るのではなく、できない理由を説明して理解してもらうことです。言葉だけでなく中身も丁寧な応対を行なっていれば、その時は成約しなくても、「あのNPOは誠実だから」ということで次につながっていきます。

(2)　頭を下げて回る営業にも意味はある

　頭を下げられない人は、あちこちにいます。現在、私が勤めている大学にもゴロゴロしています。少子化の時代には、大学教員も高校に営業に行って、「おたくの生徒さんを、ぜひうちの大学に」とお願いしなければなりませんが、これができない人が多いのです。「東大を出たボクが、なぜ」などと平気で口にします。こういう教員は、じつのところ学内の人間関係も今ひとつで、研究や教育面でも頭抜けたレベルではないのです。こうした営業も厭わずにやれば、同僚も「よくやってくれている」と評価し、共同研究などにも誘うでしょう。他人に頭を下げると何か損したような気がするのでしょうが、損をしているのは自分自身なのです。

　もちろん世界的に見れば、とにかく頭を下げて……という日本的慣行がどこでも通用するとはかぎりません。日本でソフト会社を立ち上げて成功した中国人が日本企業のおかしなところとして、「勘と経験と根性の3K」「義理と人情とプレゼントのGNP」を指摘しています（大宮知信 [2005]『ウチの

社長は外国人』祥伝社新書 pp. 61-62)。外国人から見れば、「義理と人情」の営業活動などは噴飯物なのかもしれません。

　しかし日本には、「稔るほど頭の垂れる稲穂かな」という言葉があります。前に書いたように、成功しているNPOのトップの人は、きちんと頭を下げます。仕事を受託するために頭を下げて営業するなんて簡単なことです。さる経営コンサルタントのいいかたを借りるなら、「恋人を口説くように営業すればいいの」かもしれません。「付き合ってください」というのと同じように「お仕事ください」といえばいいのです。義理と人情だけでは仕事は続きませんが、仕事相手とのつながりを強くするためには大いに役に立ちます。

　「アタシ、美人なのかしら、今まで口説かれたことはあっても、自分から告白したことはないわ」という人もいるかもしれません。けれども、ベタな営業をしなくても回りが寄ってくるようになるには、それだけ魅力あるNPOでなければなりません。そのためには、前節までで考えてきたように、戦略的思考が必要です。それができなければ、文字通り頭を下げなければ、人も仕事も寄ってきてはくれないでしょう。そしてもちろん、どんな美人でも、ツンとした人よりも愛想がいい人のほうが人気が出るように、魅力あるNPOになっても、頭を下げたほうが、さらに支持者が増えます。

　インターネット社会になって、ベタな営業というのは少なくなりました。が、仕事の契約というのは、組織と組織の間で結ばれるのであっても、基本は人と人の関係です。お互いの担当者同士の信頼関係が根底にあります。その意味では、受委託の当事者、あるいはその可能性のあるところへは、営業に行くことも意味があります。

　特に行政の場合、担当者の裁量で委託先を決めることがよくあります。特命で随意契約にならなくても、「今度、こういう仕事があるけど」といった情報は早く摑んだほうが対応も容易です。そのために汚職につながるような癒着も生まれるのですが、手が後ろに回るようなことをするのではなく、信頼関係を築くためには、それなりに「顔をつないでおく」ことも求められます。もちろん、だからといって卑屈になることはありません。常識的なレベルで、頭を下げて回れば充分です。

Ⅳ　実践編

1　カウンターパートナーとしての行政と企業

（1）　協働で成果を

　ある県庁のNPO担当窓口で調べものをしていたときです。相談カウンターにやってきた中年の女性、何かで困っている女性を支援するためのNPOを作りたいらしいのですが、あれこれ手続き関係を尋ねた後でいったことがふるっていました。「最大4ヶ月かかるってことですけど、職員の方が意地悪して伸ばすなんてことはあるんでしょうか？」「書類の書き方が悪いとか字が汚いとかで突き返すとか、そういう意地悪をすることもあるんでしょうか？」

　NPOを作ろうという人が行政に不信感を抱いているというのは、よくある話です。が、それをその相手にストレートに聞くという神経は疑問です（対応している職員は声が小さかったので、何と応じたのかは聞き取れませんでした）。

　行政不信・企業不信。これは市民運動の出発点でもあり、宿命かもしれません。しかし、行政や企業は「敵」であって戦う相手と決めつけることは、その運動を隘路に追い込みます。丁々発止のやり取りを経るにしても、どこかで「落としどころ」つまり妥協点をさぐらなければなりません。昔から、徹底抗戦を叫ぶ人の最期は悲惨なことが多いようで、戦後日本でも新左翼のセクト分裂、内ゲバは原理原則にこだわって妥協しない運動の末路なのではないでしょうか。

　どこかで妥協するとして、お互いにえるものがあるような結果が望ましい

のはいうまでもありません。ゼロサムではなく、ウィン・ウィン、お互いが勝者となることです。最近は、まちづくりなどで「協働」という言葉をよく使います。これは「coproduction」の訳で、「一緒に何かを作り出すこと」を意味しています。「共同(joint)」「協同(cooperation)」よりも積極的で、成果を伴うというニュアンスなのでしょう。

　特にこの「協働」という言葉を、市民と行政、市民と企業といった異セクターが手を携えるときに使うようです。時代の流れとしては、市民運動は行政や企業と「戦う」のではなく、協力して社会を良くしていくことが期待されているといえるでしょう。

　しかし、これは「仲良くしましょう」ということでもありません。まして や行政の「下請け」とか、企業の社会貢献の「請負」になろうということではありません。対等な関係、カウンターパートナーとして課題解決を図ることが求められています。

　もちろん、行政にも企業にも、市民運動やNPOを軽んじている人たちがいます。むしろ、そちらのほうが多いかもしれません。一番の誤解が「NPOは利潤追求しないから安上がり」という発想です。行政内部でNPOに理解のある職員でも、「財務当局や幹部に説明するときは、『NPOだと安く済む』というのが一番納得してもらいやすいんです」と半ば自嘲気味に話してくれます。企業でもトップや社員の「たかが庶民」という感覚の言動はよく目にします。

(2) NPOの強み、行政の強み、企業の強み

　行政や企業の側も、NPOを必要としています。行政は「小さな政府」という流れの中にいます。それがよいかどうかは別にして、NPOなどと協働しないと、福祉にせよまちづくりにせよ、手が回らなくなっていますし、新しい問題に対処しきれません。埼玉県志木市のように、将来的には市役所を数百人規模にし、市民ができることはNPOやボランティアに委ねる、という大胆な決断を実践しつつある自治体もあります。

　企業も、CSR(Corporate Social Responsibility=企業の社会的責任)という言葉でいわれるように、「企業市民」であることを求められています。その

ためには自社に社会貢献の部署を設けることもありますが、餅は餅屋、NPOとの協働が必要です。

　またNPOなど市民と直接接することで、企業にとってもえるものがあります。企業の文化芸術支援である企業メセナも、単に社会貢献のお付き合いではなく、企業にとっても新鮮な刺激になるから続けるんだ、と言い切る企業経営者もいます。

　そしてNPOの最大の強みは、そうした社会貢献などのために「自分も力を貸したい」「お金を出したい」と思っている市民の夢を実現できることです。かつては、自分の生まれ故郷や終焉の地の自治体に多額の寄付をする人がいました。寄付大国といわれるアメリカでは自治体に寄付する事例はほとんど存在しないそうですが、日本の場合、故郷なり終の棲家で世話になった人たちに恩返しとして寄付をするには、自治体に寄付をするぐらいしか方法がなかったのです（もちろん自治体に寄付した場合に免税措置があることもありますが）。そうでなければ、赤十字などの全国的な公益法人に寄付するぐらいでした。

　が、今では、「こういう風にお金を使って欲しい」という願いの宛先として、多種多様なNPOが存在します。そうした一人一人の夢を実現させる力がNPOにはあり、これは行政にも企業にも持ちにくい力です。もちろん、そのためにはNPOも説明責任と努力が求められているのは当然ですが。

　一方、行政と企業には、NPOにはない大きな力があります。行政の持つ権力、企業の持つノウハウ。NPOがミッションを追求する上で、それらは大きな手助けになります。

　たとえばまちづくりで考えてみましょう。公園を市民参加で作るにしても、まず土地の入手が困難です。善意の提供者が現れるかもしれませんが、多くの場合、都市計画的に立地を決め、立ち退きも求めなければなりません。NPOがお願いに行けば立ち退いてくれる人がどのぐらいいるでしょうか。公益と私益のバランスの中では、どこかで権力の発揮される場面が出てこざるをえません。

　さらに、公園のイメージができたとしても、それを実際に造園するのは企業の協力が必要でしょう。もちろん、市民参加で土地を切り盛りし、植樹し

……というやりかたも考えられますが、規模の大きな公園であったり、一定以上の工事が必要な場合は、企業の施工が求められます。何よりも危険防止などの安全性を考えると、市民参加には限界があります。

（3） 指定管理者制度

　この本が出るころには、ほぼ全国的に結論が出ているでしょうが、今、NPO にとってのホットイッシューの一つが「指定管理者制度」です。2006 年 9 月までに、全国の地方自治体が所有する公共施設・公益施設の管理を、民間の管理者に委託するかどうかを決める、という政策です。これまでは財団法人などの外郭団体に委ねられていたのが、企業や NPO にも委託できるようになります。

　これに期待している NPO が多いものの、なかなか上手く受託できていないようです。地方の自治体では、結局は新たな天下り先を作ってそこに委託しているような話も聞きます。が、自治体が NPO に任せられない大きなポイントは、ノウハウ不足、安全性の二つなのです。

　特に、施設管理ではハード的な側面が重要です。これは NPO にとって弱いところです。一方で、世間にはビル管理を業とする営利企業があちこちに存在します。が、彼らは、そうした公益施設、特に文化芸術系の施設を管理するには、企画立案能力がありません。

　そうした両者が上手く噛み合って指定管理者になった事例があります。新潟市は、市が所有する 1933（昭和 8）年築の旧日本銀行新潟支店長宅を、文化施設として公開するために指定管理者を募集しました。これを受託したのが、ビルメンテナンス会社と、NPO 法人・新潟絵屋の JV（共同企業体）です。新潟絵屋は企画型の画廊を運営している NPO ですから、文化施設の利用についての企画提案はお手のものです。ですが、施設の維持管理は素人同然です。ビルメンテナンス会社はその逆で、お互いを見事に補完する関係といえます。

　ソフトの提案ができる NPO とハードが得意な企業が組む。これは注目すべき事例だと思います。2006 年 9 月までには間に合わなくても、次の見直しまでにタッグマッチを考えることが可能ではないでしょうか。それまでの

間に、最初に受託した指定管理者の弱点や課題も見えてくることでしょう。

（4）　行政や企業とのつながりを作るには

　行政も企業も、NPO にはない力を持っています。行政は権力を有するだけでなく、何やかや批判されても、特に地方では信用もされています。新潟県中越地震の時には、全国からボランティアが集まりました。が、地元の被災者の中には、どこの誰とも判らない人から「困ったことはありませんか」といわれても、最初は不信感もあったようです。地元自治体や社会福祉協議会が受け皿を作って、それから本格的にボランティアが動き出した地域もあったと聞いています。

　また、企業は日本を世界第 2 位の経済大国に押し上げた主戦力です。製造能力、資金調達力、技術開発力、営業力、それらを世界的な競争の中で切磋琢磨しています。そうした相手と組むことで、NPO に欠けている部分を補ってもらう。それは、その NPO にとって一歩前進ではないでしょうか。

　行政にせよ企業にせよ、接触の仕方が課題になります。行政や企業のほうも、パートナーを組むに値する NPO なのかどうか、それを考慮します。さらに、表向きの窓口以外に裏口も探しておく必要があります。

　「パートナーを組むに値する NPO」かどうかは、日頃の活動状況をきちんと情報公開できる態勢であれば問題ありません。それにプラスして求められるのが、「提案能力」です。次のような指摘もあります。「これからの NPO は、あらゆる面で『提案型』の活動が求められています。……『NPO は常に提案できる企画を 10 本は持っている必要がある』ということを忘れてはならないと思います。……NPO からの『企画提案力』。ここに行政や企業との対等な関係をつくっていく最大のカギがあるといえるでしょう」。（高比良正司著・NPO 事業サポートセンター編 [2002]『長続きする NPO の設立と運営の実際』明日香出版社　p.52）

　行政が委託先を探す時には、これまでは価格競争入札が主流でした。が、NPO との協働では、企画のコンペティションやプロポーザルでの選定が増えつつあります。

　コンペティション（略してコンペ）とは、発注者側から発注内容について

の仕様説明があり、それに基づいた受託内容を提出し、選考委員会などで採用案を決めるものです。プロポーザルは、コンペの一方式で、委託者から要求する仕様が大まかな点だけで、受託者に大幅な提案を求めるものです。建築物の設計者選定で採用されることがよくあります。

　理事会などで、「こういうことをやりたいね」「あぁいうこともできたらなぁ」というのを日頃から話し合い、記録しておくとよいでしょう。チャンスがあれば、行政に持ち掛けたり、企業の委託時に提案すればよいのです。また、当然ながら、広く事例収集をしておけば、「他県でこういう事例があります」という話もできます。当事者や研究者を呼んで勉強会をするのも良いでしょう。

　もう一つの「裏口」というのは、何も後ろめたいことを勧めるのではありません。行政や企業の中にいるNPOシンパと日頃から連絡を取り、情報交換をしておく、ということです。たとえば行政職員には、市民との協働などの新しいまちづくりに意欲のある人が必ず存在します。やる気も能力もない人が目立ちますが、中には、やる気も能力もある人もいますし、少なくとも、やる気はあるけど能力はこれから、という人は必ず見つかるはずです。ただし能力はあるけれどもやる気はない、という人はいません。潜在能力は別ですが、市民やNPOとの協働は、やる気がなければ能力も出てこないようです。

　ある市長さんが「うちの職員には2・6・2の割合で、やる気のある職員、どちらでもない職員、やる気のない職員がいる」といっていました。このトップ2割と知り合いになっておく。そうすることで、いろいろと行政の状況を知ることができますし（もちろん守秘義務に反することを聞くのは駄目ですが）、逆に、こちらから企画を持ち掛ける窓口にもなってくれます。

　どうやって知り合うかは専門家の探し方と共通しますが、問題は、行政職員に関する情報は探しようがないことです。どうすればいいかというと、公開講座やイベントなどを市の広報に載せるとか、その地域のメーリングリストやインターネット掲示板に掲載するなど、行政職員の目に付きやすいところにもPRすることです。関心のある職員は、そのうちNPO主催のイベントにやってきます。

あるいは、東京都心部以外では、勤務先の自治体に住んでいる行政職員も少なくありません。地縁で探すというのもあるでしょう。市民でもあり行政職員でもある人は、両方の視線を持っているという強みがあります。

もちろん、さまざまな行政窓口へ訪れる中で、「この人は」という人を探すというのも考えられます。もっとも、冒頭のような真っ正直な不信感をむき出しにすると、向こうが警戒しますが。

行政職員にせよ、企業の社員にせよ、帰宅すれば一市民です。逆に、NPOのスタッフでも、ウィークデイは行政や企業に勤めていたり、OBであったりします。「立場が変わればいうことも変わる」という人もいますが、根底にあるのは、信頼に基づくヒューマンネットワークを築けるかどうかです。相手の立場を慮って接すれば、相手も胸襟を開いてくれます。つい、市民運動で熱くなり、行政や企業への不信・不満をぶちまけてしまう人もいますが、それを続けては、相手を失います。

(5) 全国組織や政治団体とのつきあいかた

世の中を良くしていこうとすると政治的になる、という意味では、市民運動のありようによっては、政治家や政治団体との交渉も出てきます。あるいは政治以外でも全国的な運動組織の支援を求めることもあります。こうした場合、気を付けなければならないこともあります。

かつて私が東京でいくつかのまちづくり運動と関係していたときのことです。ある地域の運動団体が、全国的な組織に応援を頼みました。すると、その全国組織から助っ人が何度かきてくれて、多少の応援にはなったのですが、ある日、その地域の運動団体で将来を期待されていた若手が辞めるといいだしたのです。

メンバーは惜しみながらも「去る者追わず」で了承したのですが、辞める理由を聞いたところ、先に応援にきた全国組織の人に誘われたから、というのです。今風にいえばヘッドハンティング、古い言葉ではオルグされたのでした。

この全国組織は、某革新政党ともつながっていたので、まさに「オルグされた」なのですが、これには地域の運動団体はがっかりしました。応援を頼

んだはずが、貴重なメンバーを引っこ抜かれたのですから。本人の意思とはいえ、信義に反すると怒る人もいました。

　別の超高層マンション反対運動では、地元選出の国会議員に会いに行くのに同行したことがあります。その議員さんは同情はしてくれましたが、個人として動くには限界がある、さらに党内に超高層建築による都市活性化を期待する人もいるので、党として動くのは不可能である、とのことでした。ちなみに、その議員さんはその後、トラブルに巻き込まれたのか刺殺されました。率直に党として取り上げられないと答えてくれたようなストレートさが、恨まれた原因だったのかもしれません。

　全国組織にせよ政治団体にせよ、組織の利害が第一なのは、ある意味で当然のことです。そうでなければ、組織を維持していけないからです（だからといって他の市民運動からヘッドハンティングして良いという理屈にはなりませんが）。全国組織だから、政治団体だからと、信用しきっていいということではありません。

　また、政治色のある団体との連携は、地方によっては、一般市民からの目も考慮しなければなりません。つい近視眼的に「今のプロジェクトのためには」と、その時に同じような主張をしてくれる政治団体と組みたくなることがあります。そのプロジェクトだけの運動で、それが終われば解散するなら、それでもいいでしょう。ですが、組織として長期的に活動するなら、政治色をまとっているように思われることになってもいいかどうかは慎重に考えるべきです。

　とはいえ、全国組織や政治団体とは、是々非々でコンタクトしておくことで、えられる情報もあるでしょう。前章でも触れましたが、NPOサポートセンターのようなインターミディアリと呼ばれる、NPOのためのNPOとの連携は必須です。そういう全国規模のインターミディアリは強力な援軍になりえます。また、古手の真っ当なインターミディアリは、政治色も露骨に出しませんし、スタッフを引き抜くような信義違反もやりません。信用第一であることを知るNPOのためのNPOだからでしょう。

2 クライアントとのコミュニケーション

(1) 企業や行政にはない付加価値とは何か

　NPOの活動の中では、企業や行政とマーケットが競合することもあります。そういう場合に、どうやってシェアを確保するか。一番安易なのが値下げです。「NPOは利潤を上げなくて良いから安くできる」という声を、NPOからも企業や行政からも耳にしますが、本当にそうでしょうか。

　私は、これは間違いだと考えています。一つは前章で述べたように、NPOも企業や行政に対案を出せるぐらい専門性を高めなければなりませんから、そのコストがかかります。また、先進国の企業は世界的な競争にさらされており、そのコストに対する削減努力と管理能力は目を見張るものがあります。日本の企業も例外ではありません。市民運動に毛が生えたような組織など、かないっこありません。

　唯一考えられるのは、日本などの先進国は人件費が高いですから、その部分をボランティアにする、という点だけです。ですが、企業並みのサービスを、ボランティアで続けることができるでしょうか。人を雇うにしても、同じ仕事内容で、NPOより企業のほうが払いが良いとなると、真っ当な感覚の人は企業に雇われるでしょう。能力のある人材を確保するには、NPOも企業と同レベルの賃金を出すか、それなりの賃金に相当する満足を与えなければなりません。結局、組織としてのコストは同じになります。

　また、安さを武器にした場合、競争相手が値下げすると、それに対抗しなければなりません。価格だけが売りものの路線でいるかぎり、いつか破綻します。企業や行政と競合するような場合は、企業や行政にできない付加価値を提供することを目指さなければならないのです。そのためには何をすればいいのでしょうか。

　結論からいうと、クライアントとコミュニケーションを深めることです。その中で求められている付加価値が見つかります。NPOのクライアントになる人たちは、NPOとのコミュニケーションに、企業や行政からは得られない満足感という付加価値を感じている場合があります。会員相手にサービスを行なうようなNPO、つまり会員イコールクライアントという、ドナー

とクライアントが一致するタイプのNPOでは、このことが同時に会員確保にもつながります。

（2） アンケートの是非

　じゃあ、クライアントにアンケートを採ろう、という声が出そうですが、ちょっと待ってください。

　アメリカの一コマ漫画には幾つか定番のテーマがあるそうで、弁護士事務所とか税務署の窓口などをテーマにしたものを、作家の星新一さんが集めて紹介するエッセーを書いています。中には「福祉施設ネタ」もあるようで、バブルのころに東京都の外郭団体が出していた福祉雑誌に掲載されていました。その一つに「閉鎖になった福祉施設から他の施設へ救急車で移送される障がい者に対し、施設職員が『施設利用の感想を』とアンケート用紙を渡している」というのがありました。

　NPOの人たちはアンケートが好きです。イベントをすればアンケートを採り、施設利用者にもアンケートを採りたがります。一方、この数年はNPOブームということもあって、行政、企業、そして研究者からNPOにも山のようにアンケートが送られてきます。送られてくるアンケートの多さに、NPOは悲鳴を上げています。

　自分たちは送られてくるアンケートにうんざりしているのに、自分たちがアンケートを採ろうとする。よく考えれば、自分たちがうんざりしているアンケートにクライアントが喜んで答えてくれるかどうか、判りそうなものです。

　商品を買えばアンケート葉書が付いてきますが、どのぐらいの人がせっせと記入して送り返しているでしょうか。最近の消費者は、個人情報の管理について疑心暗鬼になっています。こいう時代にはアンケート葉書など、手が遠のくでしょう（だからプレゼントでアンケート葉書の回収率をアップさせようとするのですが）。アンケートではなく、日常のコミュニケーションの中で、相手の望んでいるもの、喜ぶものを察知するほうが、NPOにとってもクライアントにとっても、お互いのためになります。

　もちろん、アンケートも時と場合によっては有用です。ただし、アンケー

トを採るなら、有益な結果が出るように設計しなければ意味はありません。単に感想の寄せ集めになってしまい、分析に耐えない、単なる自己満足に終わります。実際のところ、NPOが行なったアンケートを見せてもらうと、コメントに困るレベルの結果であることがあります。アンケートの調査法や解析方法は、統計学や社会学系のテキストからマーケティング用の実務書までいろいろ出ていますから、参考にすると良いでしょう。巻末の参考文献に、お薦めのものを挙げておきます。

たとえば街頭アンケートは止めたほうがいいのです。信用できるデータが集まる可能性は低いからです。端的にいうと、新聞にたとえば「憲法九条改正に8割が反対という街頭調査が出た」という記事が出て、よく読むと「渋谷駅前で平日昼間の2時間に、《憲法九条を守る会》が街頭インタビューを行なったところ、8割が改正に反対だった」という内容だったりします。

この場合、地理的にも、時間帯としても、日本国民全体を代表できるサンプルを抽出できたとはいえません。それにそもそも、そういう団体から「あなたは憲法九条を改正してもいいとお考えですか？」と尋ねられて、「改正すべきだと思います」と答える勇気（？）がある人が、どのぐらいいるでしょうか。

NPOも同じです。NPOにはミッションがありますから、NPOという看板を出すと、その時点でもう回答者にバイアスがかかります。かといって何のNPOか明確にせずにアンケートを採ると、目的を疑われて回答率が下がります。ですから、街頭でのインタビューやアンケートは解析に耐えるデータは取れません。無理にやって発表したところで、前記のたとえ話のように、物笑いの種になるだけです。

（3）　クライアントの意見のくみ上げかた

評判の良い病院や福祉施設は、介護する側が患者さんの要求や、ちょっとした様子に気づいたら、その情報を共有するように心がけているものです。交替時の申し送りであったり、連絡帳であったり、コンピューター管理であったりしますが、そうした情報を「ほうれんそう」で共有しているのです。そうした積み重ねから業務の改善点も浮き上がってきます。日本企業の

ものづくりの強みといわれるのはTQC（全社的品質管理）ですが、これはサービス業型TQCともいえるでしょう。

　NPOの隣接分野に協同組合があります。特に日本では、生協活動が世界的にもユニークな存在として知られています。その生協の中でも、兵庫県のコープこうべは成功例としてよく知られています。2000年度の日本国内小売業ランキングでは26位という地位を占め、東急ストアやローソンを上回っています。単に売上が大きいというだけでなく、地域に密着したサービスを展開し、その密着ぶりが阪神・淡路大震災後の救援活動にもつながりました。コープこうべでは、日頃から職員が地域や顧客の情報を共有していることが、そうした営業上の成功の大きな要因の一つといわれています。

　企業や生協と同じように、NPOでもクライアントとコミュニケーションを密にする。そのためには、日常の仕事の中でクライアントの話をきちんと聞くことです。そうしてえられた情報を組織内で共有し、汲み取れるものを抽出して、仕事を改善していく。これが王道です。すぐに結果が出なくても、やがてNPOの地力になっていきます。何よりも、「あのNPOはじっくり話を聞いてくれる」という評判につながります。世間で話し上手といわれる人は、実は話すより聞き上手な人です。

3　インターネットを使いこなす

（1）　NPOに不可欠のツール

　前章で述べたような、外部の専門家とうまく付き合うということとは別に、NPOが自ら専門性を高める、知識で武装する方法があります。21世紀の現在、その王道はインターネットの活用です。インターネットを活用することは、NPOのPR戦略の要でもあります。

　「東芝クレーマー事件」を憶えていますか。東芝のビデオデッキを購入したら不具合があった。修理に出したが、対応が悪い。たびたび問い合わせているうちに、東芝側のサポート窓口の対応がさらに悪化し、最後には電話で「あんたみたいなのをクレーマーってんだよ！」と怒鳴りつけられた……というのです。この消費者が、その対応の一部始終をホームページで公開し、

最後の「クレーマーってんだよ！」という声まで音声ファイルで聞けるようにしたため、一気に東芝の評判が悪くなりました。

　この事件については、一消費者でも大企業相手に戦えるという受け止めかたがされました。今は誰でもホームページを開け、ホームページを開いていないとデジタル・ホームレスといわれるという笑い話もあるぐらいです。さらに検索エンジンで全世界から発見されるのですから、戦略的にホームページを作成すれば、それなりに社会的な注目を集めることができます。実をいうと、東芝クレーマー事件は「純朴な一消費者・対・大企業」と呼べるような構図ではなく、この消費者は当時のネット世界では「あの人、ちょっと変わってるね」といわれる有名な人物でした。だからこそ、インターネット社会の特性も熟知していて、東芝への電話を録音して公開するという戦略的な利用ができたのでしょう。

　NPOにとってのインターネット利用は、この東芝クレーマー事件のようなNPOからの「発信手段としてのインターネット」と、「情報収集のためのインターネット」に分かれます。送る武器と受ける武器とで武装しようということです。その手段は二つ、ホームページとメールの活用です。

（2）　発信手段としてのホームページ

●ホームページを開く意味

　まず、発信手段としてのホームページについて考えましょう（厳密にいうと「Webサイト」というほうが正確なのですが、本書では「ホームページ」とします）。今は誰でも手軽にホームページが開けます。一昔前の感覚でいうと、誰でも銀座にお店を出せるようになったようなものです。PR手段として使わない手はありません。が、日本NPOセンターの調査によると、NPO法人でもホームページを持っていないところが半分ぐらいあるようです。

　ところで、人々はどのように情報を検索するのでしょうか。誰かに聞く、本で調べる、という古典的な方法以外に幅広く情報収集できるのはインターネットです。学生を見ていると、まずインターネットで調べています（それも携帯電話で）。インターネット以外の調べかたを行なわないという問題も

あるのですが、インターネットを使える環境にある人なら、必ずネット検索を行なっているのではないでしょうか。

そういう時代にホームページを開かないと、広く世間に知ってもらうことは難しいです。よほど話題性か特色があり、テレビが取材にきてくれるというなら別ですが、そのテレビや新聞の記者もインターネットでネタを探しているのです。

私は小さいNPOほど、ホームページを充実させるべきだと考えます。繰り返しになりますが、NPOは信用が命です。信用をえるためには事業報告・会計報告などをどんどんホームページで公開し、透明で信用できる組織であることを広く知ってもらうべきです。

たとえば、長野県の乗鞍岳のふもと、安曇村では（今では合併して松本市になりましたが）、インターネットが一般利用できるようになって数年後には、一部のペンションがホームページを持ち、そこで予約状況などが見られるようにしました。すると、不景気で観光地はどこも集客に苦しむ中、安曇村でホームページを開いているペンションだけは人気が出ました。

そのころは旅行というと、旅行代理店や旅行雑誌を見て考えるものでした。が、インターネットの時代になって、旅行代理店のカウンターで調べたり、書店で立ち読みしなくても、職場のパソコンで調べて予約できるようになり（最近はこういう行為は公私混同として禁じられる傾向にありますが）、忙しい人ほど、そういう予約方法を探るようになったのです。しかも、メールで「空いているようですが予約できますか」と問い合わせると、「ありがとうございます。部屋は……、料理は……」ときめ細かい対応をしてもらえ、さらに利用後は「御利用ありがとうございました」とお礼のメールがくる。こうしてペンションと客との間にコミュニケーションが芽生え、リピーターになる客も増えてきた、という構造だったのです。

今では、ホームページを開いている旅館業者はザラですし、さらに「旅の窓口」のような総合的な旅行ホームページもいくつか存在します。が、先行した安曇村は、インターネットから入ってきたリピーターによるファンクラブがメーリングリストを作るなど、地域おこしにもつながりました。

草の根NPOがホームページを作る場合に気を付けることは、次の4点で

す。

1) 独自ドメインを取得する
2) 更新こそ命である
3) どこの誰に見られても良いように
4) 凝らない

●ホームページの留意点その1―独自ドメイン

　まず、ホームページだけでなくメールにも関係するのですが、NPO独自のドメイン名を持つべきです。ドメインとは、sawamura@hoge.or.jp というメールアドレスや、www.foobar.com というホームページアドレスの「hoge.or.jp」とか「foobar.com」という部分です。日本で取るかアメリカで取るか、さらに業態によって後ろのほうが変わってきますが（or.jp や com の部分）、簡単な手続きだけで取れます。

　通常、インターネットに契約すると、そのプロバイダーから与えられた名義でホームページやメールアドレスが取得でき、たとえば大手のニフティであれば、sawamura@nifty.com というメールアドレスと、www.nifty.com/~sawamura/ というホームページ用のコーナーが与えられます。これでも良いのですが、独自のドメイン名を取ることのメリットは、そのNPOの名前を堂々と出せること、組織として自立しているイメージが出ること、そしてインターネット技術もそれなりにあるように思われること、です。また、ケーブルテレビ会社のインターネットを利用してホームページやメールを持つと、「www.hoge-catv.co.jp/~npo/」とか「npo@hoge-catv.co.jp」というアドレスになってしまい、なんとなくケーブルテレビ会社の傘下にあるかのように見えかねません。

　またメールアドレスに関していうと、ヤフーなどの無料メールアドレスを使う人がいますが、無料メールサービスは広告や悪用に使われることが多く、無料メールは読まずにゴミ箱行きという人もいますし、迷惑メール排除フィルタに引っかかることも多々あります。ですから、信用第一のNPOは、そうした無料メールは使わないほうが良いのです。

デメリットは、ドメイン名の維持費がかかることです。独自のドメイン名を使うには、以前は自前でホームページやメールのためのサーバーを用意しなければなりませんでした。しかし今は、レンタルドメインとかレンタルサーバーと呼ばれるサービスがあり、これらを利用すれば、安ければ年間数千円から数万円の利用料で済みます。これは業者の所有する大きなサーバーの中に間借りする仕組みで、外から見ると、あたかも、それぞれの間借り人が独自のドメイン名のサーバーを持っているかのように見えるのです。
　同一のドメイン名が複数あることは認められませんから、「先に取った者勝ち」です。私はかつて、イーエイティーという会社を経営していました。ドメイン名を取ろうと調べたら、既に「eat.co.jp」は他社が取得していたため、別のドメイン名にせざるをえませんでした。ですから、さっさと独自ドメイン名を取得したほうが良いのです（ただし、1年以上利用していないドメイン名は登録抹消されますので、予定が立ってからのほうが無難です）。

●ホームページの留意点その2―更新こそ命
　次の「更新こそ命である」。ホームページを開いても、誰も見に来てくれなければ意味はありません。しかも、何度も見てくれなければ効果半減です。そのためにはどうするか。せっせと更新し、新しい情報をどんどん掲載することです。
　「ホームページ作りました」という案内をくれる人は多いのですが、半年経っても1年経っても内容が変わらないホームページも見受けます。こういうホームページは1度見れば充分だと思われますから、せっかく作っても意味がありません。見る側にとって、こういうネット化石は、検索エンジンなどで行き当たっても、そこに書かれている情報が古く、場合によっては連絡先も変わっていてコンタクトもとれないこともあって、泣かされます。
　また、「アンテナ」というツールを利用している人がいます。これは、お気に入りのホームページを定期的にチェックして、更新されているかどうか確認するツールです。利用者は、このツールで「お、あそこのホームページが更新されたな」と見に来てくれるのです。
　そうはいっても、せっせとホームページを作り替えるのは大変です。そう

いう場合に有効なのが、最近流行のブログでしょう。日記に使う人が多いのですが、イベントの告知、情報交換などに使っても良いですし、質問などを書いてもらってもいいのです。

●ホームページの留意点その3—誰に見られても良いように
　情報交換に使うことも考えて気を付けなければならないのが、3番目の「どこの誰に見られても良いように」です。前述のように、ホームページを開くということは、大通りに面した店を出すのと同じで、いろいろな人が前を通ります。世界中の誰でもホームページを見に来る可能性があります。そのときに、どこかの誰かに見られては困ることが書かれていると、問題になります。
　NPOの人が作るホームページで問題になるのは、「個人情報」と「価値観」です。たとえば、寄付を受けたりすると、つい無邪気に寄付者の名前をホームページに載せて「ありがとうございました」と謝意を示したりします。が、これを「振り込め詐欺」犯が見れば、「この人はホイホイお金を出す人だ」とカモにする候補のようなものです。
　個人情報の保護は法律もできたように、インターネット社会では重要な問題ですので、個人の名前や住所、電話番号、メールアドレスなどは慎重に扱わなければなりません。
　もう一つの「価値観」は、特に政治的な意見やアピールでトラブルを引き起こします。NPOを作る人は、熱い思いを持っているために、つい自分の思想信条を語りがちです。が、仲間内で語るのは良いのですが、ホームページに載せると、反対派も見ることが当然ありえます。そして世間は行儀のいい人ばかりではないのです。
　イラク派兵問題の時も、あるいは靖国問題にしても、あるホームページでの主張が気に入らないという人たちが、そのホームページをさまざまに攻撃し、サーバーをダウンさせたり、ホームページを書き換えたり、あるいはインターネット掲示板（WebBBSともいいます）にさまざまに誹謗中傷を書き込んで閉鎖に追い込んだり……こうした事態は日常茶飯事です。そういう事件を楽しむ愉快犯も存在します。価値観が対立する時に固有名詞が出ている

と、ますます大騒ぎになります。
　そういうと無難な内容しか書けないかのようですが、そうではありません。「どこの誰が見ても良いように」とは、「ホームページに載せる内容には責任を持ちましょう」ということです。

●ホームページの留意点その４─凝らない
　さて、最後の「凝らない」です。世間のホームページには、開くと音が鳴ったり絵が動いたり、さらにマウスの動きに合わせて変化するなど、美的に工夫したところがあります。たしかに、これは耳目を惹きます。が、考えものです。
　そうした凝ったホームページは、容量が大きくなります。ブロードバンド時代などといいますが、まだまだ遅いインターネット環境の人たちは少なくありません。特に大都市部以外では、未だに電話でダイヤルアップしてインターネットに接続している人もいます。そういう人たちにとって凝ったホームページは、イライラと待たされたあげくに、絵が動くだけで見たい内容になかなかたどり着けません。それでは不評になりますし、下手すると二度と見てもらえません。
　そんなところに凝るよりも、情報が第一で、それが適宜更新されて新鮮な内容であるかどうかが大切です。絵が動いたり音が鳴ったりする必要はありません。極端な話、文字情報だけでも、内容が充実していれば、テキパキと見られて良いのです。

（３）　発信手段としてのメール
　メールを使っていない人は少なくなってきました。ホームページが見られない環境でもメールは使えます。そのためにメールを悪用したトラブルも増えており、そうしたことも考慮に入れてメールの活用も考えましょう。
　メールの活用として勧められるのが、メーリングリストとメールマガジンの利用です。複数の相手に同じ内容を一斉に流せます。参加者全員が投稿できる相互通行型をメーリングリスト、管理者のみが投稿でき他は読者というのがメールマガジンといわれますが、原理は一緒で、本来は全てメーリング

リストです。

　スタッフ間の報告・連絡・相談用のメーリングリストや、NPO会員同士でコミュニケーションしあうメーリングリスト、会員を含めサポーターや興味のある人向けにPRするメールマガジンなど、使い道はいろいろ考えられます。複数の相手に同じ内容のメールを出すのに、宛先欄やCC欄に送り先のアドレスをズラズラと並べる人がいますが、これはいけません。知らない人同士にもメールアドレスが知られることとなり、迷惑メールにつながります。また、そういうメールへの返信が全員に送り返されることもあります（本人にだけ返信されることもあり、そうした動作の不統一も、同報メール方式での集団連絡が勧められない理由です）。

　注意するポイントは次の3点です。

1) アドレスの登録は合意の上で
2) ポリシーを明確に
3) 無料メーリングリストは望ましくない

　まず、一人でも多くの人に読んで欲しいからと、手元の名刺を全部登録する……というのは逆効果です。迷惑メールが増える中、突然頼んでもいないメールが送りつけられた側は困惑します。お誘いして合意をもらってから登録するか、自動登録制にして自ら登録してもらうか、どちらにせよ本人の承諾を取ることです。

　次に、登録・解除の方法も含め、メーリングリストの運営方針を明確にしておくことも必要です。特に相互通行型のメーリングリストでは、「こういう発言は御遠慮願います」「こういう違反が何度以上あった場合は除名します」といったルールを明確にしておかないと、トラブルが生じます。たとえば、添付ファイルを認めるかどうかなども明確化しておかないと、「うちはダイヤルアップだから長いメールは困る」といったクレームが出ます（ちなみに、最近は添付ファイルを認めるとウィルス蔓延の原因になりかねないので、認めないというのが主流です）。

　最後に、ヤフーなど、無料でメーリングリストを請け負ってくれるところ

があります(その代わりにメールの文中に広告が入ります)。手軽で良いのですが、二つ問題があります。一つは独自ドメインのところで説明したように、この無料サービスを使うと迷惑メールフィルターに引っかかる可能性が高いのです。もう一つは、容量制限があったり添付ファイル禁止というところがほとんどなので、使い勝手がよくありません。

　レンタルサーバーにはオプションでメーリングリストを使えるところがありますし、メーリングリストだけを有料で請け負ってくれるプロバイダーもあります。そうしたサービスを使うとよいでしょう。

（4）　個人情報と著作権は気を付ける

　ホームページやメールで外に向けて情報を発信する際には、個人情報と著作権は注意が必要です。

　前述のように、個人情報については法律ができました。氏名、住所、電話番号、メールアドレスなどをホームページやメールマガジンに出す場合もガイドラインがあります。個人情報保護法に沿った個人情報の取り扱いについては、企業向けなどの実務書がいろいろと出ています。適当なものを選んで目を通しておくと良いでしょう。

　また、著作権もインターネット時代に大きな問題となっています。ホームページに載せる画像も、気に入っているからと写真集から無断でスキャンするのは違法ですし、有名人の講演を撮影した画像も、無断で使うと肖像権を侵害する可能性があります。また、他人がホームページで公開している文章なども無断で転用すると問題になります。

　著作権や、肖像権など著作隣接権、知的所有権といわれる権利については、ケースバイケースで判断が揺れるところもありますし、現在の著作権という考えかた自体がデジタル時代にそぐわない、という議論もあります。この問題は各種の議論があり、さまざまな書籍も出ていますし、(社)著作権情報センターのように、著作権Q&Aを公表しているホームページもあります(http://www.cric.or.jp/)。

（5） 情報収集のためのインターネット

　一方の情報収集は、発信の逆を考えれば良いのです。各地のNPOサポートセンターや業界団体の発信するメールマガジンやメーリングリストへの参加、有用なホームページの定期的な閲覧、それらを探し当てるための、検索エンジンの活用とネット口コミの利用です。スタッフや会員が捉えた情報を共有するにも、スタッフや会員のメーリングリストは有効でしょう。

　インターネットが流行りだしたころには、「メールアドレスを持っても誰からもメールがこなくて寂しい人がメーリングリストに参加する」などという軽口がありましたが、メーリングリストはどんどん盛んになっているようです。現実社会では集まって議論するのはなかなか難しいことですが、メーリングリストや掲示板を使えば一堂に会さなくても議論し情報交換できますから、特に地方のNPOにとっては、ありがたい道具です。

　各地のNPOサポートセンターが出しているメールマガジンやメーリングリストに入っておくことは必須です。それと、自分たちのミッションに関係する各専門分野のメーリングリストも見つけておくと良いでしょう（見つからなければ自分たちで作る、という方法もあります）。

　また、情報源として、いくつか必ずチェックするホームページがあるかと思います。「何を見るのでも、まずこのホームページから」というポータルサイトを使っている人もいるでしょうが、最近ではむしろ、ヤフーやグーグルのような検索ホームページでキーワード検索をして目的のホームページを探すほうが一般的かもしれません。こうした検索サイトは、複数使って検索をかけたほうが幅広く引っかかってくれます。また、キーワードを複数にするなど、オプションの条件検索を使うと、効率的に検索できます。

　グーグルなどの検索エンジンには検索能力の限界があります。また、技術のある人の中には、ホームページを検索されることを嫌い、「検索避け」を施す人もいます。そういうホームページを見つけるのは困難で、事実上「口コミ」でしか見つけられません。インターネット掲示板を使った、ネット口コミです。

　日本のインターネット掲示板の多くは匿名であるため、罵詈雑言、誹謗中傷がすさまじく、さる著名ジャーナリストが「便所の落書きだ」と批判した

ことがあるそうです。たしかに情報量でいうと、私が判る分野でいっても、「事実」や「有用な情報」と判断できるのは1割もありません。あとはノイズ（雑音）です。が、摩訶不思議なことに「何でこんな秘密が暴露されてるのか」と驚くような事実も見つかることがあります。熱心に見るのも馬鹿馬鹿しいですが、「あんなの便所の落書きだ」と冷ややかに構えては、情報収集につながりません。「上手くすれば」というぐらいの目で見ると良いのではないでしょうか。

　インターネット掲示板の匿名性を嫌い、実名利用を前提とした掲示板なども登場しています。SNS（ソーシャルネットワーキングサイト）と呼ばれています。が、なぜか日本ではあまり流行らず、一時は雨後の竹の子のように出てきたものの、今では大規模なものはミクシィ（mixi.jp）ぐらいしか残っていないようです。ミクシィの会員数は2005年1月で30万人で、増加傾向にありますが、かつての大手パソコン通信には及びません（たとえばニフティの会員数は200万人といわれていました）。今後はどうなるのか、総務省はSNSのような実名利用を普及させたいようですし、諸外国の中では実名利用のほうが盛んなところもあります。

　果たして日本人は匿名が好きなのか、社会学的には興味深いところですが、草の根NPOにとっては、「匿名だから聞き出せること、匿名だから信用できる範囲」に限定して、匿名のインターネット掲示板などを利用することになるでしょう。もちろん、実名主義の掲示板も利用すればいいのですし、また自分たちでインターネット掲示板を開設する際は、匿名主義・実名主義といった管理ポリシーを確立しなければなりません。

（6）　情報は必ず確認を
　探し出した内容が信用できるかどうかは別の問題です。そこに書かれていることの信憑性、出典などは確認しなければなりません。インターネットで調べられる場合もありますし、調べられなければ、文献などをチェックすることになります。
　インターネット掲示板として有名な2ちゃんねるでは「ネタをネタとして見抜けるかどうか」といわれています。事実も嘘も、そして事実に見せかけ

た創作（ネタ）もインターネット上では見分けがつきません。特に掲示板で見つかるネタは、つい信じてしまうほど上手くできています（そういう能力を他に活かせば日本は良くなると思うのですが）。うっかり信じてしまって、他で発表したりすると大恥をかきます。

　書かれていることの裏を取る。そのためには図書館で調べるとか、その道の専門家に確認するといった作業が必要です。場合によっては、国立国会図書館を使うことになるでしょう（全国どこにでもコピー送付をしてくれる有料サービスがあります）。また大学図書館も、地域貢献として一般市民の利用を認めているところがあります。活用しましょう。

　新聞社もホームページで記事を公開しているので、それらを参照するのは容易です。ただ、これらの公開記事は数週間から数ヶ月で消されてしまいます。ニフティのようなプロバイダーでは、有料で過去の新聞雑誌記事を検索・閲覧できるサービスを行なっています。こういうものを利用するのも良いでしょう。

4　会計は必須だ

（1）　NPOの信用を支える会計報告

　I章で、「NPO法人になるかどうかはお金、扱う金額の問題だ」という話をしました。となると、NPOにとっては、そのお金の処理である会計をどうするのかが大きな問題になります。

　いうまでもありませんが、NPOにとって会計の持つ意味は、営利企業以上に重要です。会員からの会費や寄付を使って事業を行なっていく以上、その貴重な会費や寄付がどのように使われたのかについての説明責任（アカウンタビリティ）があるからです。会計は英語でaccounting（アカウンティング）といいますが、これとaccountability（アカウンタビリティ）とは語源が同じです（ちなみに語源は、古いフランス語で「数える、物語る」の意味だそうです）。

　一昔前のお役所のように「知らしむべからず、拠らしむべし」という態度、つまり「大切に使わせていただきました。ありがとうございました」だ

けで済ませるのは駄目です(その意味では、カンパや寄付で運営している団体の経理は不透明さをぬぐい切れません。寄付金がいくら集まったのかなどは、外部の人間がチェックすることは不可能ですから)。

ところが、世の中には「私、会計って苦手なの」という人が多いようです。おかしな話ですが、私の所属する大学の経済学部には経済学や経営学の専門家が多いはずなのに、自分の研究費の会計処理すらできない人がゴロゴロしています。話を聞いてみると、「お金の計算なんて重要じゃない、何とかなる」という蔑視と、苦手意識が先に立つ先入観があるように思います。

まず前者。「何とかなる」という意識ですが、営利企業にとって会計とは、「企業の羅針盤」ともいわれ、山登りの地図にもたとえられます。企業の経営状況は、「今、現金預金がいくらあるから大丈夫」ということではなく、会計関係の書類によって判断されます。金庫に億の金があったとしても、借りた金かもしれません。社員の給料で来月にはなくなるのかもしれません。そうした状況を把握するには、会計報告を見るしかないのです。

NPOでも同じです。「資金繰りに困ったら寄付を募ればいい」という考えは、1度か2度なら何とかなるかもしれませんが、長くは続けられません。「前回の寄付はどうなったの？」と尋ねられたら説明しなければなりません。それが会計です。寄付や会費をミッションの遂行に沿って正々堂々と使っている、誰が見てもそれが理解できる、という透明性を保てなければ、支持者が減り、NPOとして立ち行かなくなります。

次に、「会計って難しい、苦手」というイメージを考えてみましょう。この苦手意識には二つの理由があるようです。一つは数学が嫌、もう一つは会計のルールが難しい、ということです。

公認会計士や税理士といったプロと話していると必ずといっていいほど、「会計のプロだから計算はお得意なんでしょうね」といわれる、という笑い話が出てきます。が、彼らにいわせると、会計で使うのは足し算と引き算がほとんどで、たまに掛け算と割り算が出てくるぐらい、それも電卓かパソコンでの計算です。

もちろん、投資計画などを考える場合には、複雑な利子の計算もやりますが、日常の経理で計算能力を求められることはほとんどありません。逆にな

まじっかな暗算で間違えてしまうより、一々電卓を叩くほうが確実なのです。

　会計のルールが難しいというのは、「複式簿記」についての誤解です。簿記検定試験があって、1級、2級、3級とあるぐらいだから難しいんだろうと思っている人がいるようです。たしかに簿記1級ともなると、経理のプロとして就職でも優遇されます。

　が、草の根NPOで必要な簿記の知識は、3級程度で充分です。簿記学校のカリキュラムだと、簿記3級検定試験に合格するためのプログラムは、3時間で15回程度のようです。小さなNPOの日々の記帳と年度末の処理ぐらいなら、入門書を買ってきて一通り読んで、あとは日々の実務で身に付きます。私も起業したときは、漫画入りの簿記入門書で勉強しましたが、それで残高試算表を作るところまでできるようになりました。

　NPOのスタッフで行なう会計処理は、日々の帳簿付けと年度末の決算までで良いと思います。残高試算表といわれるものまで作れればいいでしょう。その先の決算報告は、所轄庁向けと税務署向けの2通りを作成しなければなりません。特に税務署向けは法人税法によるさまざまな税務処理を伴い、またそれが時々改正されますから、税務署向けの決算報告は税理士さんなどに頼むほうが確実です。

　高度な簿記の知識までは必要ありません。必要になれば専門家に頼めばいいのです。もちろん興味が出てきて勉強したくなったなら、ステップアップしていくことをお勧めしますが。

（2）　会計処理のやりかた

　さて、NPOの会計は法律では「お小遣い帳」と同じ方法でも良いことになっています。つまり、現金の動きがあった時に、単純に出し入れを記録し、年度末に各費目ごとに合計します。これなら簿記の知識がなくてもできます。会計用語でいえば「単式簿記」で「現金主義」の会計です。

　が、営利企業と同じく「複式簿記」で「発生主義」とするべきだと、私は思います。複式簿記は、世界中の企業で広く採用されています。中世ヨーロッパに始まり、大航海時代などを経て近代化し、今に至る手法ですから、

世界共通のルールになっています。

　単式簿記では、お小遣い帳方式で日付、用途、入金欄、出金欄があって、入金や出金といった取引があれば、入金であれば入金欄のみに、出金であれば出金欄のみに記載します。が、複式簿記は日付、借方科目、借方金額、摘要、貸方科目、貸方金額と、一つの取引を借方と貸方の両方に記載します。それで「複式」なのです。

　複式簿記を勧める理由は、単に企業の世界で広く使われているから、ということだけではありません。借方・貸方の双方に取引を書くことで、チェックしやすいのです。また、どういう経費がどのぐらいかかっているのかとか、運営上のバランスを見やすいという利点があります。

　もう一つの発生主義とは、帳簿への記載を支払いとか入金の時点ではなく、その契約が発生した時点で記録することです。たとえば事務用品を購入したとして、支払いは来月だとします。ならば帳簿にいつ付けるのか。来月の支払日ではなく、購入した時点です。もっともNPOの実務では、1年間の会計年度の中では支払った時点でかまいません。唯一、年度末の決算時に、「この年度に発生したけど、まだ払っていない、まだ入金していない」金額だけは、この年度の会計として処理します。「未払金、買掛金」「未収金、売掛金」となります。発生主義に立つことで、どの時点でも会計状況が正確に把握できます。

　では、NPOの会計を、どういう人に頼めばいいのか。前述したように、計算が速い人とか数字に強い人である必要はありません。性格的なことでいえば、拙速より巧遅、コツコツできるタイプでしょう。

　小さな組織だと、毎日のようにお金が動いたり取引が発生することはありません。会計の教科書などだと「毎日処理すること」と書かれていますが、草の根NPOの会計処理は、取引が発生した都度か、週締めなどでもかまわないでしょうし、実際問題として、月に1度の定例理事会の席でないと、各スタッフが買った品物のレシートとお金の交換ができないでしょう。

　その意味では、コツコツと記帳のできる人で、他のスタッフと連絡を取って会いやすい人がいいでしょう。もちろん、トップには会計状況を逐次報告

しておかなければなりませんし、大きな動きはスタッフ理事間で情報共有しておく必要があります。

　なお、これから経理を始めるという人によく尋ねられますが、お金の動きに伴う「領収書」は必ずしも必要ではありません。領収書のような「取引の内容を明らかにする証拠」を「証憑」といいますが、レシートでもかまいません。ただし「いつ・何を・いくらで」が明確でなければなりません。当事者がレシートにメモでも書くか、会計担当が受け払いしたときに確認しておけばよいことです。

　また、謝金やバイト代は、できるだけ銀行振込にしたほうが無難です。現金払いは、現金を持ち歩かなければなりませんし、領収書を用意しておいて書いてもらうのも面倒です。面倒だから領収書なし、というのは絶対に駄目です。これは不正の常套手段としてよく知られていますから、「あのNPOはいい加減」と思われます。

　もちろん、白紙領収書など論外です。私もかつて委員を勤めていた某財団法人で謝金に白紙領収書が付いていて判子を捺すのに抵抗感がありました。辞めて数年後に、その担当者が不正経理で処分になったと聞き、納得すると同時に、そのお先棒を担がされたのかとゾッとしました。

　銀行振込より現金手渡しを選ぶのは、「会員からの貴重な会費で運営しているんだから、わずかなお金ももったいない」という気持ちもあるでしょう。が、信頼のための対価だと思えば、数百円の振り込み手数料など安いものです。

　NPO向けの会計指南書もいくつか出ていますし、設立マニュアルのような本にも会計について一章が割かれています。実際の会計事務や、複式簿記でやるとして勘定科目の設定などは、そういう教科書を参考にするとよいでしょう。巻末にも何冊か紹介しておきます。

補論　変な NPO と一線を画すためには

(1) 存在定着の陰に

　NPO 法が成立して 7 年が過ぎ、日本でも NPO という存在が定着しつつある、といって良いでしょう。しかし定着するということは、その影の部分も見えてくるようになったということでもあります。法令体系や税制といった制度面での課題もさることながら、当初考えられていたような「ボランティア活動をはじめとする市民が行う自由な社会貢献活動」(NPO 法第 1 条)といえるのか、と疑問符のつく NPO も散見されるようになりました。屎尿を集めて下水に不法投棄したり、補助金の不正受給や恐喝といった明らかな不正もあれば、テレクラにいそしんでいたり、文学賞を出すと称して審査料を集めながら「該当者なし」という、「こんなの、あり？」という NPO の話題が新聞などで報道されています。

　そのような「変な NPO」をどう捉えるべきでしょうか。「どんな法人形態だって悪質な組織がある」と消極的に必要悪と考えることもできます。NPO が「市民の社会貢献活動」以外にも広がったのだと前向きに受け止める……という皮肉な見かたも可能です。しかし、そうした NPO がクローズアップされるために、真っ当な NPO がとばっちりを受けることも充分考えられます。

　そもそも、NPO が定着したとはいえ、内閣府の調査では、国民の約半分が NPO について、あまり理解していないようです(次ページの図表 A-1)。この図表は、2000 年と 2004 年に全国の 15 才以上の男女に「我が国では、NPO と呼ばれる、営利を目的としないボランティア団体や市民団体が活動しています。あなたは、NPO について御存知ですか」と質問した結果です。8 割がよく知らなかった 2000 年に較べ、2004 年は約半数の人が「十分知っている」「新聞等で、ある程度知っている」と答えています。増えたとはい

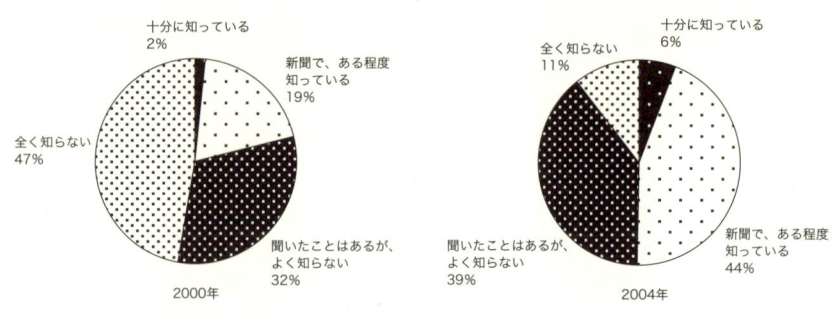

図表A-1　NPOについての理解、2000年と2004年の比較

2000年
- 十分に知っている 2%
- 新聞で、ある程度知っている 19%
- 聞いたことはあるが、よく知らない 32%
- 全く知らない 47%

2004年
- 十分に知っている 6%
- 新聞で、ある程度知っている 44%
- 聞いたことはあるが、よく知らない 39%
- 全く知らない 11%

え、せいぜい新聞等で知っているというのでは、変なNPOの記事が紙面に載ることの影響も案じられます。

つまり、日本ではまだまだNPOについて十分理解されたとはいえず、一方で、変なNPOも増えつつあるというのが現状なのです。たとえば、インターネット掲示板として最大の2ちゃんねるには、ボランティアをテーマとしたコーナーもありますが、そこで報告されているNPOやボランティアは、目を覆いたくなるような事例ばかりです（もちろん、IV章で書いたように2ちゃんねるの情報は100パーセント信用はできませんが）。また、私はこの5年間、社会人相手にNPOに関する授業や講演を行なってきましたが、聴衆から「NPOって何となく胡散臭い気がする」という質問が出ることも1度や2度ではありませんでした。

監督官庁である内閣府もさすがに腰をあげ、2002年度からは特に悪質なNPOに対して、聴聞を行なったり、改善命令を出すようになってきました。が、そうした監督官庁に取り締まりを任せるだけでは、NPOも自立した市民セクターとはいいがたいのではないでしょうか。NPO業界（というものが存在するのかという議論もありますが）自身で、何らかの対策を講じなくても良いのでしょうか。また、そういう変なNPOではないかと疑われないよう、個々のNPOも対策を講じる必要がありそうです。

本章ではまず、主として新聞報道などに現れてきたNPOの不法・不正行動、あるいは特定非営利活動法人という法人格を悪用しているのではないか、という詐欺的ビジネスをいくつか紹介します。その後、欧米での調査報

告や他の業界での事例などを見ながら、「何らかの対策」が可能であるか、その検討に向けて考えましょう。

（2） マスコミを騒がせたNPOの事例

さて、論より証拠、不正行為などが発覚したNPOに関するマスコミ報道をいくつか紹介しましょう。対象はNPO法人（特定非営利活動法人、または同法人になろうとしている組織）、まずは時期の早いものから（記事は全て、ニフティのニュースクリッピングサービスによります）。

●事例1：ミイラを作っていたNPO——1999年11月13日付・毎日新聞ニュース速報

千葉県成田市内のホテルで兵庫県川西市、元会社員（66）のミイラ化した遺体が発見された事件に関与したとみられるセミナー開催団体「ライフスペース」の関連組織「Shakty Pat Guru Foundation」（SPGF）の男性メンバー2人が13日、毎日新聞の取材に応じ、「小林さんは回復の最中だった」などと独自の見解を繰り返した。

メンバーの男性は、「彼は病院で誤診を受け、劇物を投与され、危険な状態にあった。シャクティパットによる治療は小林さん本人と家族の希望であり、（発見時は）順調に回復している最中だった」と述べた。また、男性が示した「闘病ドキュメント」と題する5冊の冊子には、小林さんの「生存」を前提にした4カ月間の経緯が詳細に記されていた。

警察の捜査について男性は、「抵抗はしない。ただし、小林さんが死んでいるという納得のいく根拠を示してほしい」とし「麻酔もなしに小林さんの体にメスを入れるなら、それは解剖という名の殺人だ」と話した。

男性によると、SPGFは飢餓救済や医療ボランティア活動、出版活動を主な活動内容とし、大阪、名古屋、東京に拠点を持つ組織。「代表は特におかず、会員の人数も把握していない」としている。SPGFは経済企画庁にNPO法人の設立の申請を行ったが、1999年9月29日に不認証の通知を受けている。

筆者コメント
　一時話題になった、カルト宗教。教祖が「イタリアのどこそこでは定説じゃ」というのが口癖で、それを真似るのが流行った団体です。当時の経済企画庁に認証申請し、不認証だったらしい。

●事例2：出資法違反の同和団体系NPO─2001年5月7日付・共同通信ニュース速報
　貸し渋り対策として創設された「中小企業金融安定化特別保証制度」の融資を仲介し、法定限度額を超える手数料を受け取ったとして、出資法違反の罪に問われた民間非営利団体（NPO）「東日本同和会」（現在は名称変更）の元理事、入内島真一被告（42）ら5人の判決公判が7日、横浜地裁で開かれた。
　田中亮一裁判長は「中小企業経営者の心情につけ込んだ」などと述べ、入内島被告を懲役2年6月、執行猶予4年、罰金100万円（求刑懲役2年6月、罰金100万円）とするなど、全員に有罪判決を言い渡した。
　判決などによると、入内島被告らは1999年3月から4月にかけ、横浜市内の建設会社の依頼で同制度の融資を受ける手続きを仲介。信用金庫からの1000万円の融資に対し、法定上限の5%を上回る227万円の手数料を受け取るなどした。
　東日本同和会は99年9月、NPOとして法人格を取得、昨年2月「日本人権擁護連合会」に名称変更した。

筆者コメント
　NPO法立法をめぐる議論の中で、暴力団や似非同和団体の隠れ蓑になるのではないか、という危惧があり、暴力団排除は明文化されましたが、似非同和団体は排除できなかった結果です。なお、暴力団が関与しているNPOも発覚しています（事例4）。

●事例3：テレクラを営むNPO─2002年2月21日付・朝日新聞ニュース速報
　環境保護団体を装い、営業禁止区域で店舗型テレホンクラブを営んだとし

て、兵庫県警は20日、同県姫路市南駅前町のNPO（非営利組織）法人「地球クラブドラテレ」の事務所と、神戸市西区と姫路、高砂市にあるテレホンクラブ、経営者とされる姫路市の会社社長(37)宅など計7カ所を県青少年愛護条例違反の疑いで家宅捜索した。

調べでは、駐車場にとめた車の中で借りた電話器で女性からの連絡を待つ「ドライブスルー型」の店で、社長の会社がテレクラとして営業したが、条例改正で1月から3カ所とも営業禁止区域になった。社長らは昨年12月に県に廃業届を出したが、その後の同月下旬、客数人にテレクラを営業した疑い。

県警によると、客から最初に「環境団体への寄付金」などとして約4000円を集め、「ドラテレはテレクラでない」という内容のテープを聞かせ、同意した人に利用させたという。

地球クラブは社長が代表を務めている。昨年、県と国にNPO法人格取得を申請。県は「非営利活動と確認できない」として認証しなかったが、国は11月、「環境保全活動団体」として認証した。

筆者コメント

人づてに聞いた情報では、このテレクラに電話すると、まず「この利用料の一部は環境保護のために使われます云々」というテープが流れていたそうです。他の報道によれば、「知らずに買い取ったシステムで、テレクラだとは知らなかった」だとか、いろいろと弁解していたようです。

●事例4：暴力団の関与発覚―2002年3月2日付・共同通信ニュース速報

暴力団の資金源にするため実体のないNPO法人を登記しようとしたとして、電磁的公正証書原本不実記録・同供用の疑いで自称書類作成業、長野和彦容疑者(48)が逮捕された事件で、指定暴力団山口組系組幹部が同法人の設立費用約30万円を出し、知人を名前だけの役員にしていたことが2日、岡山県警暴力団対策課などの調べで分かった。

NPO法人「地球環境保全委員会」設立で主導的役割を果たしていたのが

分かったのは、別件の強要未遂罪で起訴されている山口組系組幹部伊浪康之被告。

調べでは、伊浪被告は暴力団が地球環境保全委員会設立にかかわっているのを隠すため、同委員会事務局長金和寛被告＝同罪で起訴＝とともに、知人4人に「名前だけ貸してくれ」と依頼。岡山県に提出する同法人の申請書類の役員に4人の名前を使用し、昨年9月に認証を受けた。

伊浪、金両被告は、特殊法人が発注する岡山市内の公共工事に絡み、1月23日、特殊法人の工事事務所長らを脅したとして、2月6日、別の一人とともに暴力行為法違反の疑いで逮捕され、強要未遂罪で起訴された。

筆者コメント

NPO法立法時に懐疑的だったサイドからは「ほら見たことか」といわれそうな事件です。暴力団関与のNPOはこの後に他にも、理事長等が恐喝、信用毀損及び業務妨害を行なったとして、認証取消しになった消費者問題研究会がありました（2004年3月5日認証取消し）。また、2004年10月頭にも1件、暴力団の関与するNPOの事件が記事となっています。

●事例5：警告を無視して屎尿をマンホールに投棄したNPO—2002年7月9日付・読売新聞ニュース速報

非営利組織（NPO）の「福岡浄化槽自主管理協会」（本部・福岡県福間町）が、福岡県久留米市などで、し尿を収集し、マンホールから投棄していたことが8日、分かった。協会側は、投棄を認めた上で「指定業者の独占で、し尿処理費が高すぎるため」と主張、自治体の再三の警告にも応じていない。警察に取り締まりを要請したり、マンホールのふたを封鎖する自衛手段を講じたりする自治体も出てきた。

協会は福岡、大分県の12か所に支部を置き、し尿、浄化槽汚泥の収集・運搬などが業務という。

廃棄物処理法によると、し尿の収集・運搬には市町村長の許可が必要。協会は2000年12月、久留米市などで、「し尿処理施設への自主搬入を認めてほしい」と申請したが、指定業者が決まっていることなどから断られた。協

会は許可を受けずに「(指定業者よりも) し尿のくみ取りと浄化槽管理を33%安く」と書いたチラシを各家庭に配り、約500世帯から依頼を受けたという。

久留米市によると、昨年7月、「マンホールのふたを開け、し尿を垂れ流している」との情報が市民から寄せられた。同市御井町では今年1、2月の21日間、し尿が流された跡を確認した。これまで協会に対し、6回の警告文書を出したが、聞き入れられなかったという。し尿は、市の処理場で処理されている。

田主丸、吉井両町では、マンホールのふたを溶接し、約70か所を封鎖。浮羽町を含む浮羽郡3町の町長は6月、吉井署に廃棄物処理法違反の疑いもあるとして取り締まり強化を求める文書を出した。

これに対し、協会理事長(53)は「公の施設の使用を求めているのに『ダメだ』というので、やむなく(マンホールに)投棄している。ごみは個人搬入が認められているのに、し尿はなぜだめなのか」と反論する。

環境省廃棄物対策課の話「マンホールへのし尿投棄は他に聞いたことがない。市や町の許可がなければ廃棄物処理法の無許可営業にあたる。自治体は警察とも連携して解決すべきだ」

筆者コメント

この事件も話題になりました。このNPOは内閣府でも重視してNPO法に基づく報告を求め、報告徴収の回答を命ずる改善命令に違反したとして、2004年3月9日に認証取消しとなりました。

さて、ここに紹介した五つは、筆者がNPO法施行後にマスコミ報道で気付いた早い事例です。実をいうと、リアルタイムでマスコミ報道をチェックしていたものの、NPOの不正行為に関する報道は次第に増え、追い切れなくなりました。

このほか、いくつかNPOの不正がマスコミに取り上げられていますが、2005年には、認証取消に至った事例が二つ、報道されています。

● 国際交流のNPO法人、認証取り消し＝活動報告を3年超未提出―内閣府
―2005年3月7日付・時事通信ニュース速報

　内閣府は7日、東京と神奈川県鎌倉市に拠点を持つ特定非営利活動法人（NPO法人）「NPO国際交流促進協会」の法人認証を4日付で取り消したと発表した。法律で策定を義務付けている活動内容の報告書を3年以上提出していないため。

● 「やまびこ会」のNPO法人認証抹消＝改善命令に答えず―内閣府―2005年3月23日付・時事通信ニュース速報

　内閣府は23日、聴覚障害者への福祉情報提供などを設立目的に掲げる特定非営利活動法人（NPO法人）「やまびこ会」（東京都新宿区）の法人認証を同日付で取り消したと発表した。定款に記載していないキノコの霊芝（れいし）栽培・販売や絵画の競売事業を一切行わないことなどを求める改善命令を1月に出したが、団体から回答がなかったため。内閣府が不正行為などを理由に法人認証を抹消したのは計7団体となった。

　なお、このNPOについては以前からいろいろと噂がありました（『フライデー』2004年7月16日号などで問題視されていました）。報道によればこの代表者は、1984年に横領と銃刀法違反で広島高裁から実刑判決を受けたものの、時効まで逃亡していたということです。こうなると、暴力団関係者どころか前科者も注意しなければならないようです。

（3）　悪質NPOをマスコミも取り上げ出した

　上に紹介したような「変なNPO」がちらほらと目に付くようになったためか、2003年に入ると、個別の事件報道だけでなく、雑誌などの特集記事としても、そうした「変なNPO」の不正行為が紹介されるようになりました。その早い例を三つと、ある単行本での記述を紹介しましょう。

● 「NPO『商売道具』の変―優遇欲しさ？に企業が続々」（アエラ　2002年7月8日号　pp. 74-75)

筆者が目にした中で最も早い報道です。ただ、この記事の趣旨はリードにもあるように「ボランティアと事業の境界線で、関係者の思惑が揺れる」ということで、上に紹介したような公序良俗に反するような事例ではありません。たとえば、「NPO って儲かりますか？」という質問を受けて戸惑う NGO 主宰者の談話とか、NPO の文字が刷られた名刺を出す社長がいるという話です。その社長は、笑いながら「NPO の肩書きがあれば公共事業や援助金で有利なんだ」と話すのだとか。

そして、特活法人が簡単に認証され、少々の税優遇があることなどから、「NPO のイメージと事業とが簡単に結びつかない」特活法人が誕生している、としています。ツーショットダイヤルや出会い系サイトを運営する NPO は、目的として「通信社会発展への貢献」を謳っているのだとか。

この記事で取り上げられている NPO で、前節で紹介したような怪しい系譜上にあるものとしては、さる「文化・教育における中高年齢層の再進出」を目的とした NPO があります。

この NPO は、高齢者向けの文学賞を制定し、2001 年に第 1 回を募集したとのことです。ただし、応募に際し入会金 5 千円と年会費 6 千円を支払わなければなりません（さらに入会申込書の請求に千円かかります）。作品の審査料が 1 点あたり 5 千円。263 篇の応募があったというから、単純に計算すると、この文学賞関係で 400 万円を超す収入があったことになります。そして大賞は出さなかったとのことです。

また紳士録の出版を計画しており、それに掲載を希望する者から掲載料を取るのだそうです。

この NPO の代表は、これを「事業」と考えており、その事業を子供に譲るに際して特活法人にした、と記されています。記事が事実であり、はじめから文学賞を出すつもりがなかったのなら、これは詐欺に該当するでしょう。

この「アエラ」の記事では、次のような前述の NGO 代表のコメントで締めくくっています。「このままでは、いずれ官による NPO 法人の選別が行われ、真っ当なものまで悪影響を受ける。そんな可能性が、高まっている気がします」。

● 「NPO名乗る悪質商法に注意」(日本経済新聞　2003年2月28日生活欄)

　次が、この日経報道です。NPOと名乗る団体に騙されそうになった、騙された、という「消費者からの相談が急増している」という記事です。多重債務、耐震診断、布団売り付け……いずれも、以前から詐欺行為が多かった分野で、被害者が信用するよう「NPO」と名乗る事例が増えており、たとえば東京都消費生活総合センターに寄せられたNPOに関する苦情では、1999年度が5件であったのに、2002年度は2月末現在で112件にのぼるのとのことです。

　こうした事態を受け、行政側の対応として、大阪府がNPOの評価制度導入を検討していることを紹介しています(この評価制度は大阪ボランティアセンターが完成させたものの、大阪のNPO業界では「お上が作ったもん、使えるかいな」と不評であると、2004年日本NPO学会で早瀬昇さんが報告していました)。

　この記事では、シーズの松原明さんがコメントしており、さらに松原さんによる「NPOのチェックの仕方」が紹介されています。

　松原さんは大阪のような動きに対し「行政の対策にばかり頼っていては行政の監督権限が強くなり、自由度が高いことで発展してきたNPOの活動が制限されてしまう危険がある」と語り、さらに彼の言葉として、「NPOの活動を促進するためには市民一人ひとりがしっかりと団体の活動を見極め、悪い団体を放置しておかないように努力する必要がある」と強調して記事が終わっています。

　「アエラ」の記事に比べると、松原さんの言葉のように市民サイド・NPO業界の自立性を強調しているところがポイントですが、後者の「市民一人ひとりがしっかりと団体の活動を見極め」るというのは、多くを望みすぎているようにも思います。

● 「『NPO法人』をめぐる黒い話」(SPA!　2003年11月4日号　pp. 20-25)

　「NPO法人という信用を悪用し、市民の善意に付け込む悪質NPOの手口を以下、紹介する」ということで、以下のような事例が取り上げられていま

す。
・国際協力NPOと名乗り、実は英会話教室
・地域通貨と称し、実はマルチ商法
・「ヤミ金融から救う」と称し、多重債務者をカモに
・NPO名義で安く借りたホールを、出会い系パーティーに又貸し
・暴力団の隠れ蓑

記事には、暴力団員風の男が登場する挿絵が添えられています。細かいエピソードまで読んでいくと、よくもまぁ、世間の悪党どもは悪知恵が働くものだと感心します（その知能を社会貢献に活かせば良いのに、とも）。

さて、6ページにわたるNPO関係の特集が「黒い話」なのは残念ですが、最後に「急増するNPOトラブルの背景を専門家に分析してもらった」として登場するのが、弁護士の紀藤正樹さんと、前出のシーズの松原さん。ここで二人が槍玉に挙げているのが、NPO法人の認証制度です。

内閣府の言い分として「認証制度では事前チェックはできない」とあるのに対し、紀藤弁護士は「……そもそも法案審議の過程で所轄庁がしっかり監督すると主張したから事前審査のほとんどない認証制度になったのだから」と反論、さらに松原さんは「行政がゴリ押しした認証制度が、NPOトラブルの原因となっている」としています。

●溝口敦［2005］『仕事師たちの平成裏起業』（小学館）

この本は、暴力団系の起業について、「SAPIO」誌の連載記事をまとめたものです。「裏」といっても、ペット葬祭業のようなまだ参入者が少ない合法ビジネスにも触れており、社会の奥深さを垣間見ることができます。

本書の中に、「マル暴NPO」という一節があります。副題に「"市民オンブズマン"ほかヤクザの『シノギ装置』と化したNPO法人」とあるように、本来NPO法で排除されたはずの暴力団がNPOを隠れ蓑として使っているという実態を紹介しています。たとえば「市民オンブズマン」を立ち上げ企業に環境問題などを突きつけたあとに、本体の暴力団が「NPOからも糾弾されてるんだろ。話を付けてやるから」とシノギをするのだとか。

同書によると、2003年には内閣府の認証分で2法人26人の役員が暴力団

との関係を疑われ、内閣府から警察に身元を照合したとのことです(結果はシロ)。都道府県認証分では39法人345人が疑われ、3件が不認証になったとされています。NPO法人を二つ作った暴力団組長の談話では、「どんなNPO法人でも稼ぎのタネになる」のだそうです(ただし同書で、認定NPO法人と営利法人の税制を比較して、「NPO法人は税制面で優遇されていて儲かる」と説明しており、それを前提に「NPOは儲かる」というのは誤解を招く表現です。Ⅰ章で紹介したように、税制優遇のある認定NPOは敷居が高く、全NPO法人の2%もありません)。

　これらの記事で共通して問題となっているのは、NPO法人の認証制度です。NPO法人に認証されることが「お墨付き」と誤解されたり、NPOと名乗ると信用できると思われたりしている現状を逆手に取っているのではないか、というのが、悪質NPO登場の大きな理由と捉えているようです。
　「SPA！」での識者コメントのように、そもそも認証制度そのものが問題ということも可能です。NPO法制定時にも議論になったのですが、民法34条(公益法人)の特別法としてNPO法を作った以上、民法34条で規定している「許可」に拘束されます(民法を改正するとなると大作業であって、数年は必要でした)。そのため届け出制にしたくてもできなくて、苦肉の策の「認証」というあいまいな制度になったのです。
　法的にしかたないなら、あとは運用をどうするかの問題ですが、「アエラ」に記された内閣府の言葉としてあるように「申請上の要件を満たしていれば行政は認めざるを得ない。かつて社団や財団法人の認可が『行政の許可主義』と非難されたこともあるからだ」(ママ。ちなみに社団・財団は認可ではなく許可が正しい)。ただ、この内閣府の言い分と、現場のNPOの言い分は180度逆で、NPO側からは「許認可と変わらない煩しさ」という声も少なくありません。
　「アエラ」でNGO代表が憂いたように行政が選別するのか、松原さんが訴えるように「市民一人ひとりがしっかりと団体の活動を見極め」るべきなのでしょうか。
　行政側の対応として内閣府では、冒頭で紹介した汲み取りNPOに対する

処分など、大きな問題を起こしたNPOには処分手続きを取っています。また、それ以外に、内閣府に苦情や疑問が寄せられたNPO法人に対してインターネット上で公開質問をし、説明を求める「NPO法人掲示板」を2004年6月から設置しています。

都道府県レベルでも、認証取り消しなどが行なわれています。特に、3年以上事業報告書を出していない法人は認証取り消しが可能であるため、バタバタと取り消し事例が出ているようです。たとえば、神奈川県では2004年9月に該当事例が出ており、これが全国9例目と報道されています（「神奈川日報Web」による。もっとも同報道によれば、神奈川県では、事業報告書を出していない法人が2割以上という）。

（4） アメリカなどのNPOの不正行為

こうした問題は、日本以外ではどうなのか。特に日本よりNPO活動が盛んなアメリカなどでは、NPOが全て正々堂々たる活動をしているのでしょうか。

実は、そうでもないのです。NPO大国であれば、それだけNPOの不正も大きいようです。国際NPO・NGO学会誌に、ギーベルマンとゲルマンによる共著のNPOの不正を論じた論文が二つあります。

最初の論文では、1998年から2000年のアメリカ合衆国とアメリカ合衆国以外でのNPOの不正について、各種報道から検索しています。NPOの不正をテーマとした論文は、このギーベルマン＆ゲルマン論文の参考文献にも見当たりません。おそらく唯一の研究でしょうから、少し詳しく紹介します（厳密にはNGOについての論文なのですが、ここではNPOとNGOの厳密な区別は無用ですし、実際のところ違いは大きくないので、以下、NPOとします。団体名などの訳語は仮のものです）。

この論文が考察の対象としているのは1998年以降の事例ですが、それ以前の著名な例として、アメリカのユナイテッド・ウェイの代表であるW.アラモニーの「御乱行」が紹介されています。ユナイテッド・ウェイというのは日本でいう共同募金会のような存在で、全米で寄付金を募って、それをNPOなどに助成している団体です。

このユナイテッド・ウェイの代表者は、ユナイテッド・ウェイの金で別荘を買い、リムジンに乗り、出張の時はコンコルドに乗る、という贅沢三昧をしていました。が、2年の調査を経て連邦審で懲役7年となっています。この事件は市民セクターでは有名ですが、この手の話はアメリカではゴロゴロしているようなのです。

　他にアメリカで有名な事例として、全国有色人種進出協会（National Association for the Advancement of Colored People ＝ NAACP）の89才になる執行役員が、自身の性差別裁判にNAACPの資金を注ぎ込んで380万ドルの損失になった事件、アメリカ・パーキンソン病協会をカリスマ的に率いていた代表が7年以上にわたって100万ドル以上の横領を働いた（本人は「似たような基金の執行役員の半分ぐらいしか給料をもらえなかったからだ」とうそぶいた由）事件の2例が挙げられています。

　ギーベルマン＆ゲルマンのアメリカ以外の調査では、1998年から2000年までの不正として、13件が挙げられています。セクハラの1件を除くと、あとは全て金銭がらみです。横領が2件のほか、詐欺、架空請求、窃盗、偽造、賄賂、脱税、寄付のピンハネ……と一通り揃っていますが、投資の失敗（弁償したとなっています）というのは、不正と考えてよいのか疑問でしょう。13件のうち監獄行きが三つ、自殺1、自殺未遂1となかなか悲劇的な結末です。

　これらの中で二つが特筆されています。一つはフランスの癌研究協会（Association for Cancer Research）のケースで、元代表で代表的ファンド・レイザー（資金調達者）であった人物が、寄付を不正利用してリビエラで贅沢に暮らしていたとのこと。1996年に馘首され、横領、偽造、詐欺の罪で訴えられたのですが、彼はこの協会を30年以上にわたって率いる間、20年以上は不正をやっていたらしいのです。1999年、政府に財産を差し押さえられて、手首を切って自殺を図ったが果たせず、5年の刑となりました。

　もう1件は南アフリカの平和正義基金（Foundation for Peace and Justice）。子供基金のために貯めてあった50万ドル以上の寄付金を不正使用して、この基金の代表と会計責任者が詐欺9回と窃盗21回を働いたということです。代表、会計責任者ともに6年の刑。

なお、取り上げられた13件中「賄賂」というのは、ドイツのバイエルン赤十字が、製薬会社からの買い上げ価格をわざと高値にするかわりに、賄賂を受け取っていたという事例です（これは企業や行政の取引でも耳にするパターンです）。

　次にアメリカの事例収集では、10件がリストアップされています。窃盗、陰謀、投資失敗、詐欺、管理失敗と利益背反、横領、マネーロンダリング、組織的横領。全てが金銭がらみですが、セクハラなどがなかったとは思えませんから、たまたま、この論文で調査対象とした3年間に報道されたものでは、という限定条件付きで見るべきでしょう。結果は自殺1、懲役・罰金1。アメリカ以外より少ないですが、アメリカのほうが犯罪に大らかということではなく、調査した報道時点で決着が着いていなかったのではないでしょうか。

　特筆されているのは、まずハワイのビショップ・エステート（Bernice Pauahi Bishop Estate）で、これは1884年に設立された、ハワイの児童に教育の機会を与えるための不動産運用基金です。理事会が運用益をロビー活動などに不正流用したり、身内に有利な契約を結んだり、従業員を私的に働かせたり……その他諸々の不正をしたとして告発された事件です。結果、1999年に裁判所命令で、四人の理事が解雇されることになりました。さらに、この基金は寄付控除を維持するために連邦政府に900万ドルを納付しなければならなくなり、追放された理事たちに500万ドルの弁償金が課せられています。「大金は不正のインセンティブ」と評されていますが、理事会メンバーの入替に失敗すると、不正の温床になると論じられています。

　二つ目のビッグ・イシューは、カリフォルニア州サンタクララのグッドウィル・インダストリー（Goodwill Industries of Santa Clala County＝国際的な障がい者雇用促進NGO）の組織的横領です。25年近く、数人のスタッフが、寄贈された衣服を横流しするなどして1500万ドル以上を着服していました。CEO（Chief Exectuvie Officer、最高経営責任者）は告発の対象となりませんでしたが、摘発された一人は自殺し、あるスタッフは自宅とオフィスから40万ドル以上の現金隠匿が発見されたほか、不正で1万ドル以上を預金していたスタッフ夫妻もいたということです。

三つ目としては、プエルトリコ組織連合 (Federation of Puerto Rican Organizations) です。日本でいえばニートのような青年層に住居を提供しているニューヨークのNGOです。ここの執行役員と事務局長とが横領とマネーロンダリングで組織に200万ドル以上の損失を与えたとされています。

(5) 「ガバナンス (組織統治) の問題」か？

　ギーベルマン＆ゲルマン論文は、こうした事例を紹介・分析した上で、「ガバナンスの問題」「矯正活動」という章を設けています。「ガバナンス」という言葉は最近よく出てきますが、企業などの組織統治、あるいは監督のことで、具体的には、トップが暴走しないようなチェックとか、組織ぐるみで違法行為をしないような防止策、あるいはその組織のミッションの実現に向けて日頃の活動を具体化すること、などを意味します。

　「ガバナンスの問題」では次のようなことが述べられています。

　紹介したような事例は何年にもわたって見破られておらず、そこには適切な監督や説明責任メカニズムの欠如があります。そのガバナンスの問題として、次の9点が挙げられます。1) 監督行為の失敗、2) 不適切な権限委譲、3) 資産管理の放棄、4)「正しい疑問」を訊くことの失敗、5) 理事の無交替、6) CEOの監督欠如、7) 組織内部コントロールの失敗、8) 手順や実践における「チェックとバランス」の不在、9) 理事会が、従業員・プログラム・顧客から孤立していること。

　これらは、基本的に理事会とCEOなど執行部との関係に原因があります。企業や政府と異なり、NPOで不正が大きな問題となるのは、NPOが、その活動資金の獲得に際して「公共的な信用」に拠っているからであり、この論文で紹介したようなスキャンダルが明るみに出ると、その信用を失い、資金獲得に苦労するからです。

　たとえばユナイテッド・ウェイの場合は1992年に不正が明るみに出たところ、ファンドレイズ (資金調達) が4%減り、その後数年間、1991年の資金レベルを下回りました。

　その他、一部の国のNPOではこうした問題に対応して、政府からの助成金などを得ることで会計検査も受け、透明性を確保するところもあるとか、

アメリカはNPOの不正という経験を経たが他の国では同種の経験があるかどうか判らない、そもそも文化慣習が異なれば対応も違うだろう、いずれにせよ、ウォッチドッグ（番犬という意味で、さまざまな社会的不正を監視する団体を、こう呼びます）や政府による監督、NPO内部の運営手順などさまざまな対応が必要ではないか、と論じています。

「矯正活動」と題する章では、必要な対策を四つ挙げています。1）理事会の責任を明確にすること、2）詐欺などの可能性を排除するような内部コントロールの確立と維持、3）理事会の成長、4）より良いスタッフが必要であるなら、それに見合った理事として、訓練を受けた新しい人材を確保すること、です。

その上で、「数個の腐ったリンゴが樽全体を駄目にする」ように、大多数のNPOが真面目にやっていても、スキャンダルが生じれば業界全体のダメージとなります。政府の規制強化とか、独立系ウォッチドッグの監視強化も避けがたいところであろうとしています。こうした問題意識を踏まえ、2本目の論文では、不正対策としてウォッチドッグ、倫理コード、政府による規制を挙げています。

この論文は、著者の専門がガバナンス論であることから、その分野の問題として論じられていますし、また事例が日本のNPO法人と異なり、大組織NPOによる「巨悪」であるために、本書の議論とはシックリこないところがあります。次に、本論文への疑問から入り、日本の不正NPOにどう対処すべきかについて考えてみましょう。

（6）日本型NPOの不正への対処を考える―NPOセクター全体として

ここでは、「日本型NPOの不正」にNPOセクターとしてどう対処していくべきか、またそうした不正NPOと混同されないために個々のNPOはどうしたらいいのか、を考えます。

先に紹介した国際NPO・NGO学会の論文では、不正は主としてマネジメントの問題であり、理事会・事務局のガバナンスで対処することが説かれていました。が、これまで紹介してきた日本型NPOの不正の多くは「不正行為の隠れ蓑としてNPO法人格を利用する」ものであり、ガバナンス論で

は対抗できません。セクターとして、こうしたNPOの出現を防ぎ、また発見して警告するという対応が必要です。

　もとよりNPOを所轄する行政側も手をこまねいているわけではありません。内閣府では2002年4月から2005年6月までに、計10回、45のNPO法人に対し、NPO法に基づく改善命令を出しています（大半は事業報告書未提出）。その結果、2005年3月までに七つのNPO法人が認証を取り消されています。2003年から「市民への説明要請」という制度を開始し、市民から「このNPOって変じゃないの？」という問い合わせがあると、内閣府国民生活局長名でそのNPOに対して説明を求める文書を送るようになっています。

　2003年12月から2005年7月までに、計32回、230法人に説明を要請しています。ほとんどが設立後の登記事項証明書の提出がないとか、事業報告書未提出に関することですが、NPOからの返答を読んでみると、なかなか笑えます。たとえば「NPO法人第○○号」と、あたかも政府のお墨付きがあるかのように広告し、その意味を問われて「法人認証の通知文書に付された文書番号を、法人の認証番号だと勘違いしていました」などと弁明しています。

　さらに前述のように、疑わしいNPOについてインターネット上で公開質問し、説明を求める「NPO法人掲示板」を2004年6月から設置しています。また、都道府県レベルでも、暴力団の関与が判明して認証を取り消したというケースがあります。

　お役所に対応を任せておくだけでいいのでしょうか。そもそも法案審議の過程で政府がしっかり監督すると主張し事前審査のほとんどない認証制度になったのだから、政府がビシビシやるべきだという考えかたもあるでしょう。

　しかし、NPOを市民社会のための制度と捉えるのであれば、むしろ政府に頼らず、NPOセクター自体で「怪しいNPO」に対処するシステムの構築も検討すべきではないでしょうか。2万を超えてさらに増え続けるNPO法人のすべてをチェックすることなど現在の行政には無理ですし、チェックできる体制を作ることは「小さな政府」時代に反します。

　私事になりますが、かつて私は請われてベンチャー企業の代表取締役を4

カ月ばかり務めました。このベンチャー企業は、住宅を検査して、その家の性能評価を行なう会社で、当時、法律によって新築住宅に性能評価が義務づけられたのに伴い設立されました。ハウスメーカーの多くが子会社として性能評価会社を立ち上げたのに対して、私が引き受けた会社は、ある環境配慮型住宅のフランチャイズ本部で、末端のフランチャイズ工務店がともすれば手抜きをしないように、厳しく検査する会社を作りたい、ということでした。依頼主のフランチャイズ本部のトップは、「アメリカ市民を守る保安官のように、安全は自分たちで守る」と明言していたのを憶えています。このトップの人は、どの程度アメリカの保安官制度を理解していたのかは判りませんし、悪徳保安官というのも聞きます。ですが、彼のいう自衛の感覚が市民社会、NPOセクターにも必要ではないでしょうか（ちなみに同社のホームページには、今でも「住宅業界の保安官」と記されています）。

　では具体的にどうするか。思いつくところをいくつか提案しておきます。

　NPOセクター全体として考えられる対応策は、基本的に二つのタイプがあります。摘発か保証か、です。前者は不正・反社会的NPOを見つけて告発するもので、「NPOウォッチドッグ」です。後者は逆に「このNPOは問題ありません」と太鼓判を押すもので、格付けなどと同じです。

　NPOウォッチドッグの問題は、不正を行なっているとどうやって実証できるのかという点にあります。保証・格付けは、格付機関自体の信用はどうかという問題があります。

　その意味では、権力を持つお役所に比べると心許ないことはたしかです。前述のように大阪府が作ったNPO向けの「自己点検シート」「活動分析シート」も、あまり使用されなかったようです。NPO側の行政不信感もありますし、やはり、行政の手出しよりもNPOセクター自身による対処がベターなのではないでしょうか。

　摘発にせよ保証にせよ、実行する可能性がもっとも高いのは、現在のNPO業界の中では、各地のサポートセンターでしょう。地域のNPO情報を収集しており、相談も多いところです。おそらく「あのNPOはちょっと問題があるのでは……」という話も持ち込まれているはずです。とはいえ、摘発の場合は下手をすると誹謗中傷・名誉毀損として裁判になりますし、保

証についてもアメリカのNPO格付け機関のように（たとえば、American Institute of Philanthropyという組織があります）、寄付のための格付けなら明確ですが、信用に関する保証基準ができるのかは考えてみると難しいところです。

　私の住む新潟でも、不正NPOを問題視する声が出ています。先日、新潟県から依託を受けて県NPOサポートセンターを運営するNPOと議論した際にも、この話が出ました。その時に私が提案したこともあって、県内のNPOの活動に疑問がある場合、同センターのホームページ内に問い合わせができるコーナーを作ることになりました。内閣府の「市民への説明要請」のローカル版です。問い合わせがあったらどうするかは決まっていません。ですが、こうした窓口ができれば、不正への抑止力になるという狙いです。あるいは、各サポートセンターに窓口を設けなくとも、上記の内閣府の窓口を明記しておくだけでも意味はあるでしょう。

（7）　真っ当なNPOが疑われないためには

　不正NPOの問題でとばっちりを受けるのが、大多数の真っ当なNPOです。こうしたNPOにとって、疑われない対策は、たった一つです。

　自らの情報公開を推し進め、アカウンタビリティ（説明責任）を果たすこと、これこそ、疑いを未然に防ぐ第一歩です。実をいうと、私が知る限り、NPO法で情報公開が義務づけられていることを知らないNPOスタッフや、事業報告書の閲覧を希望すると「理事会で承認されなければ見せられない」と答えたNPOもあります。このような感覚は、NPO法に抵触するだけでなく、何かやましいことがあるのではないかと疑われても、しかたありません。

　情報公開に関しては、「求められれば見せる」という受け身のスタンスでなく、積極的に開示していくことが望まれます。ホームページを持つNPOは約半数に留まっていますが、Ⅳ章でも書いたように、草の根NPOこそインターネットを積極的に活用すべきです。ホームページによる積極的開示も必要です。すでに都道府県によっては、所轄するNPOの事業報告書などを県庁ホームページで閲覧できるようにしているところもありますし、2006

年4月からは内閣府も公開する予定です。「お役所が公開してくれるからいいや」ではなく、所轄庁が公開する最低限の報告書以上の情報を出していくべきでしょう。

特に会計情報は大切です。財務諸表の読み方を知っている人なら、変な組織は会計情報で見破ることが可能です。I章で紹介したような裏金づくりのためのトンネル組織は、決まったパターンがあります。

ですから、やましいところがないのであれば、正々堂々と積極的に公表すべきなのです。また、それは同時に、世間に公開しても恥ずかしくない体質を自らに律さねばなりません。これこそ、ガバナンスでしょう。

評価を受ける、あるいは自己評価することも考えられます。前述のように、NPOセクター全体での取組が必要ですが、それができるのを待ってもいられません。となれば、既存のものを使えばいいのです。大阪府の自己点検シートでも良いでしょう。あるいは、アメリカのNPO評価機関の基準を使うのも良いかもしれません（ただ、彼我のNPOは、特に財政規模が大きく違いますので、使えない可能性もあります）。

アメリカ製の自己評価のためのツールには、たとえばPVO基準があります。これは、American Council for Voluntary International Action (InterAction)が作った基準です。InterActionは、このPVO基準という行動倫理基準を満たした、アメリカの160の国際的な救済、開発事業に従事するNPOにより構成される組織です。PVO基準は「管理」「組織の公開、誠実性」「財政」「一般市民とのコミュニケーション」「運営と人材」「プログラム」「公共政策」「実行」の8項目で構成されています。

InterActionに加盟するには、そのNPOがPVO基準に沿って内部評価を行ない、その基準を満たすことが条件となっています。また、加盟した後も毎年、PVO基準に沿って内部評価をすることが義務づけられており、組織の見直しや改善にも利用されています。このように、InterActionはPVO基準を満たすことを要件としたネットワーク団体であるため、そこに加盟することは、そのNPOにとって一定の信頼性を確保することにつながっています。

また、NPOの第三者評価としては、American Institute of Philanthropy (AIP)

による格付けがあります。AIPのホームページでは、寄付金を募集しているNPOを評価した格付け結果が事業分野別に掲載され、同じ分野のNPOとの比較ができるようになっています。AIPでは、NPOから提出された年度報告書、会計監査を受けた財務諸表をもとに、「事業への支出割合」「100ドルの寄付を募るための費用」「利用可能な資産規模」の評価項目から総合的に評価し、6段階の格付けを行なっています。これでは財務面からの評価が中心となっているので、あまり日本の草の根NPO向きではないのですが、参考にはなるでしょう。

こうした評価は企業投資や行政でも流行していますが、NPOの場合も含め、誰が、何のために行なう評価なのかを明確にしておく必要があります。この点については、内閣府が「『NPO評価』のための三つの心得と六つの工夫」を以下のように記しています（内閣府報告書［2002］「NPO活動の発展のための多様な評価システムの形成に向けて」http://www.npo-homepage.go.jp/で公表されています）。

三つの心得（NPO法人が「NPO評価」を取組むにあたり大切なこと）
1)「NPO評価」の目的は、最終的に、そのNPO法人のため
　―NPO法人が評価に取組むことは、世のため、人のため、NPO法人のため
2)「評価ありき」ではない
　―「評価」は、その結果を活かしてこそ意味がある
3) 評価は万能ではない
　―NPO法人の持味である先駆性、機動性など、測りきれないものもある

六つの工夫（より良い評価とするための六つの提案）
1) まずは自分でやってみる
　―内部評価がはじめの一歩
2) ゴールを思い描く
　―NPO法人が描く"目標"や"理想"を振り返る

3）評価する目的を考える
　　—"何のために"を考える
4）目的に見合ったアプローチや手法を選ぶ
　　—そのNPO法人がやり方を選ぶ
5）身の丈に合った進め方を考える
　　—評価の負担を少なくする
6）評価の結果を公表してみる
　　—支援者の理解を深めるために

　「六つの工夫」の4番目にあるように、何も上記で紹介したようなレディメードの評価システムに沿ったり、外部の専門家に委託したりしなくても、できる範囲で評価を行ない、それを業務に反映することも充分可能でしょう。
　こうした評価は、この章で考えたような「外から不審に思われないため」ということだけのためではありません。NPOの業務を評価することで、ミッション遂行のために守るべきこと、止めるべきことの整理にもなります。

参 考 文 献

(1) 特にお勧めする書籍

　本文で紹介したものも含め、草の根NPO運営上で役立つとお勧めの書籍を何冊か紹介しておきましょう。基本的には値段が手頃で入手しやすいものを選びました。

● NPO全般
・山内直人［2004］『NPO入門　第2版』日経文庫
・島田恒［2005］『NPOという生き方』PHP新書
・小島廣光［2003］『政策形成とNPO法』有斐閣
・伊勢崎賢治［2004］『NGOとは何か』藤原書店

　NPOについての概説書はいろいろ出ていますが、その多くは「熱い思い」が語られていて、その思いに共感できるなら良いのですが、そうでないと読むのが辛くなります。

　山内本は、経済学ベースであるため、そのあたりは価値中立的で、日本と世界のNPO状況にも触れられているので、NPOとは何かを勉強するのにお勧めです（ただし、経済理論のところは難しいかもしれません）。

　島田本は、NPOの意義を説く「熱い」本ですが、「熱い思い」の本の中では手頃で読みやすいと思います。筆者は経営学者ですので、NPOの運営についても学べるところがあるでしょう。

　小島本は、NPO法の制定過程を丁寧に追いかけた研究書で、公益法人経営学会賞を取っています（やや高価）。日本のNPO法が、どういう背景で、どういう人たちが作ったのかが理解できます。島田さん、小島さんは、本論でもたびたび触れた田尾雅夫さんと並んで、NPO経営学の重鎮です。

伊勢崎さんは、本書でも紹介したフォスタープランの、アフリカ現地での支援の現場責任者だった人です。そういう立場だったからこそ書ける、決して清く美しいだけではないNGOの現場が紹介されています。国際協力のような分野で活動するなら、読んでおくべきでしょう。

● NPOを取り巻く市民社会
・金子郁容［1992］『ボランティア―もうひとつの情報社会』岩波新書
・町田洋次［2000］『社会起業家』PHP新書
・内橋克人［1995］『共生の大地』岩波新書

　どれも話題になった本です。金子本は日本のボランティアを論じる際の必読書です。町田本は、「NPO」という枠ではなく、「社会をより良くしていくためのビジネス」に取り組む人たちを紹介しています（同名の岩波新書がありますが、町田本を勧めます）。内橋本も、1990年代以降の日本社会の動きをよく捉えていて、市民運動が盛んになった理由を理解できます。

● NPOの設立と運営
・加藤哲夫［2004］『一夜でわかる！「NPO」のつくり方』主婦の友社

　NPOの設立実務書については、本文でも数冊を紹介しましたが、それ以外では、この加藤さんの本が良いでしょう。企業経営を行ないながら仙台にNPO支援センターを作った著者の熱い思いが込められています。

● NPOのマネジメント
・坂本文武［2004］『NPOの経営』日本経済新聞社
・柏木宏［2004］『NPOマネジメントハンドブック』明石書店
・ピーター・F・ドラッカー（上田惇生・田代正美訳）［1991］『非営利組織の経営』ダイヤモンド社
・フィリップ・コトラー＆アラン・R・アンドリーセン（井関利明監訳）［2005］『非営利組織のマーケティング戦略　第6版』第一法規

坂本本・柏木本はどちらも取り付きやすい本ですが、本書の冒頭で触れたように、アメリカのNPO経営をベースにしているために、日本の草の根NPOにはしっくりこないところもあります。どちらかというと、坂本本のほうが実務的で、柏木本のほうが学術的です。

ドラッカー本、コトラー本ともアメリカの第一級の経営学者によるNPO経営者向けの本です。日本でも、ある程度の規模になったNPOのトップには、この2冊を座右の書としているという人もいます。コトラー本は大部で高価なのが難点ですが、ドラッカー本は読んでおいて損はありません。

● NPOの会計
・岩永清滋［2001］『NPO・ボランティアグループの会計入門　お金の日常的な管理から会計報告まで（NPOシリーズ1）』（社福）大阪ボランティア協会
・赤塚和俊［2002］『NPO法人の税務　新版』花伝社

岩永本は、NPOやボランティア団体のための会計入門書として手頃です。NPO会計で設定すべき勘定科目などが具体例などから理解できます。ただ、簿記一巡の具体的な作業は、簿記入門書を見る必要があります。赤塚本はもう1段上の実務書として有用です。

● 市民運動の手助け
・岩田薫［2005］『住民運動必勝マニュアル』光文社新書
・目加田説子編［2002］『ハンドブック　市民の道具箱』岩波書店

岩田本は副題が「迷惑住民、マンション建設から巨悪まで」となっているように、さまざまな問題に直面したときに、どういう戦術で運動を進めればいいのか、ということを経験をもとに書いています。目加田本は、市民運動に有用な情報などの在処、入手方法をまとめた1冊です。

●アンケート、社会調査
・酒井隆［2003］『アンケート調査と統計解析がわかる本』日本能率協会マネジメントセンター
・盛山和夫［2004］『社会調査法入門』有斐閣
・谷岡一郎［2000］『「社会調査」のウソ』文春新書

　アンケートの実務は酒井本がお勧めです。ただし実務書ですので、統計処理の理論などは紹介されていません。そうした理論的理解も含めた盛山本は、大学の卒論から大学院の修論レベルの本格的入門書です。谷岡本は、本論でも触れた「いい加減な『調査』」の見抜きかたがわかります。

●経営学入門
・榊原清則［2002］『経営学入門（上下）』日経文庫
・小倉昌男［2003］『福祉を変える経営』日経BP社

　経営学の入門書はあまた出ていますが、読みやすく、かつ包括的で、参考文献や索引も充実している榊原本を勧めます。下巻末に分野別の「文献紹介」があり、参考になります。その他、経営実務のノウハウ本も数多くあり、それらは取っ付きやすいとは思いますが、体系的に理解するためには、経営「学」も読んでおくべきだと思います。
　2005年に亡くなった小倉さんはヤマト運輸の社長として有名でしたが、ヤマト福祉財団という社会貢献の組織を作り、障がい者福祉にも力を入れた人です。スワンベーカリーという、障がい者がパンを焼いて売るビジネスを成功させた記録です。福祉制度についての記述にはやや誤解もあるようですが、福祉もビジネスとして充分やっていけることを実証したという点で、一読する価値があります。

(2)　その他、本書で引用した参考文献（著者名五十音順）
大沢武志［2004］『経営者の条件』岩波新書
大宮知信［2005］『ウチの社長は外国人』祥伝社新書

Gibelman, Margaret & Gelman, Sheldon R.［2001］Very Public Scandals: Nongovernmental Organizations in Trouble, *Voluntas* Vol. 12, No. 1, pp. 49-66.

Gibelman, Margaret & Gelman, Sheldon R.［2004］A Loss of Credibility: Patterns of Wrongdoing Among Nongovernmental Organizations. *Voluntas* Vol. 15, No. 4, pp. 355-381.

九條今日子［1985］『不思議な国のムッシュウ　素顔の寺山修司』主婦と生活社

塩野七生［1994］『再び男たちへ』文藝春秋

シーズ［1998］『NPO法人ハンドブック（C's ブックレット・シリーズ No. 5）』シーズ

孫泰蔵［2002］『孫家の遺伝子』角川書店

田尾雅夫［1999］『ボランタリー組織の経営管理』有斐閣

田尾雅夫［2004］『実践 NPO マネジメント　経営管理のための理念と技法（NPO マネジメントシリーズ 1）』ミネルヴァ書房

高比良正司著・NPO 事業サポートセンター編［2002］『長続きする NPO の設立と運営の実際』明日香出版社

田中尚輝［1999］「メリット・デメリット論の"むなしさ"」『NPO マガジン　まちの雑誌』風土社 pp. 126-127

田中尚輝［2004］『NPO ビジネスで起業する！』学陽書房

田中弥生［1999］『［NPO］幻想と現実』同友館

田村明［1987］『まちづくりの発想』岩波新書

Drucker, P.［1990］*Managing the Nonprofit Organization*, Oxford: Harper Collins Publishers.（上田惇生・田代正美訳［1991］『非営利組織の経営』ダイヤモンド社）

長沼豊［2003］『市民教育とは何か』ひつじ書房

長谷川公一［1993］「環境問題と社会運動」飯島伸子編『環境社会学』有斐閣 pp. 101-122

藤井孝一［2004］『週末起業チュートリアル』ちくま新書

溝口敦［2005］『仕事師たちの平成裏起業』小学館

柳孝一［1997］『起業力をつける（「知のノウハウ」シリーズ）』日本経済新聞社
Lipnack, J. & Stamps, J.［1982］*Networking*, New York: Doubleday Books.（正村公宏監修、社会開発統計研究所訳［1984］『ネットワーキング』プレジデント社）

著者紹介

澤村　明（さわむら　あきら）

　奈良市生まれ。九州大学工学部建築学科卒業、東京都立大学大学院工学研究科中退。文化財コンサルタント、東京都庁職員を経て、まちづくりコンサルタントを営みながら慶應義塾大学大学院経済学研究科博士後期課程単位取得退学。2001年より新潟大学経済学部助教授。専門は、NPO論、まちづくり論。

　著書に『市民参加のまちづくり――マスタープランづくりの現場から』学芸出版社（共著、1999年）、『まちづくりNPOの理論と課題』溪水社（2004年）、『市民活動論――持続可能で創造的な社会に向けて』有斐閣（共著、2005年）など。

草の根 NPO 運営術

発行	2006年6月10日　初版1刷
定価	1700円＋税
著者	ⓒ 澤村　明
発行者	松本　功
印刷所・製本所	三美印刷株式会社
発行所	株式会社 ひつじ書房 〒112-0002 東京都文京区小石川 5-21-5 Tel. 03-5684-6871　Fax 03-5684-6872 郵便振替 00120-8-142852 toiawase@hituzi.co.jp http://www.hituzi.co.jp

造本には充分注意しておりますが、落丁・乱丁などがございましたら、小社かお買上げ書店にてお取り替えいたします。

◆

ISBN4-89476-333-8　C0036

Printed in Japan

☆好評既刊☆

ひつじ市民新書

001
市民の日本語—NPOの可能性とコミュニケーション
加藤哲夫著　695円+税

新しい社会を作り出していく為には、新しいコミュニケーション方法が生み出されなければならない。市民の新しいコミュニケーション、マネージメントの技法を考える1冊。個人間コミュニケーションから社会的コミュニケーションの変革へ。日本語について考えるすべての人へおくる本。

002
市民教育とは何か—ボランティア学習がひらく
長沼豊著　695円+税

ボランティアについて学校で教えられている。しかし、生徒に対する単なる徳目教育になっていないだろうか。基本的には、何をするかを自分たちで決めるところから、はじまるのではないか。市民社会は、参加する市民によって成り立つ。そのための教育について考える。

●最新刊につきましては、ひつじ書房のホームページでご案内しております。
ホームページアドレス　http://www.hituzi.co.jp/